中国社会科学院创新工程学术出版资助项目
本书是“后苏联时期俄罗斯文化政策的国际视角”课题的前期成果

经济管理学术文库 · 其他类

# 分裂的宿命与自主性的抗争

## ——现代性视域下俄罗斯文明圈的解构与重建

The Fate of Division and the Struggle for the Autonomy
— the Deconstruction and Reconstruction of Russian
Civilization Circle in the Perspective of Modernity

祖春明 / 著

经济管理出版社
ECONOMY & MANAGEMENT PUBLISHING HOUSE

**图书在版编目（CIP）数据**

分裂的宿命与自主性的抗争：现代性视域下俄罗斯文明圈的解构与重建/祖春明著.
—北京：经济管理出版社，2016.11
ISBN 978-7-5096-4313-6

Ⅰ.①分… Ⅱ.①祖… Ⅲ.①文化—研究—俄罗斯 Ⅳ.①G151.2

中国版本图书馆 CIP 数据核字（2016）第 063291 号

组稿编辑：宋　娜
责任编辑：梁植睿
责任印制：黄章平
责任校对：张　青

出版发行：经济管理出版社
（北京市海淀区北蜂窝 8 号中雅大厦 A 座 11 层　100038）
网　　址：www. E-mp. com. cn
电　　话：（010）51915602
印　　刷：北京九州迅驰传媒文化有限公司
经　　销：新华书店
开　　本：720mm×1000mm/16
印　　张：12
字　　数：224 千字
版　　次：2016 年 11 月第 1 版　　2016 年 11 月第 1 次印刷
书　　号：ISBN 978-7-5096-4313-6
定　　价：88.00 元

# 前　言

《分裂的宿命与自主性的抗争——现代性视域下俄罗斯文明圈的解构与重建》是作者近年来围绕俄罗斯问题所做相关研究的阶段性成果，主要讨论了在现代化转型的背景下，俄罗斯作为亨廷顿口中东正教文明圈的核心国家正面临着怎样的解构危机，它又是如何应对的，以期对同样作为文明型国家的中国及其当下的现代化转型提供某种可资借鉴的经验。

与此同时，本书以黑格尔的主奴关系辩证法作为阐释框架，提出俄罗斯在文明建构中始终伴随着分裂意识，以及俄国知识分子为终结“分裂意识”而进行的努力。

总体而言，俄罗斯民族因作为“强势他者”的“西方”的存在始终未能摆脱“分裂意识”，但作为一个具有强烈弥赛亚意识的文明型国家而言，它又始终没有放弃为争取承认而进行的斗争。

进一步来说，这种斗争因俄罗斯民族的“自主性意识”而变成了争取承认优越性的斗争，这正是本书的主要题旨——“分裂的宿命与自主性的抗争”的基本内涵。

在导论中作者将试图就本书的写作背景、意图、研究路径、方法、主要内容和结构等问题作出扼要说明，以便读者可以更好地理解本书主旨，引发对相关问题的深入思考。

# 目　录

# 导　论

## 一、为什么要研究俄罗斯

本书所关注的对象是俄罗斯，我们的这种选择是基于这样一种判断：**要了解当今世界，不能不关注俄罗斯。**

俄罗斯作为中国的最大邻国，加上曾经是苏联加盟共和国的一些东欧和中亚国家，这个地区与中国在政治、经济和文化上关联性很强，也势必会影响中国的发展战略选择。特别是在习近平总书记提出了“一带一路”战略构想之后，以上区域与中国发展战略的关联度更进一步增强，因此，我们有必要关注俄罗斯。

但是，在苏联解体之后，国内出现了这样一种看法：伴随着综合实力的不断下降，俄罗斯已成为无足轻重的二三流国家，对它的研究已经不具有重要意义，这导致国内对俄罗斯问题的研究逐渐走向式微。应该说，这是一种致命的学术短视，从长远的战略眼光来看，从当今的地缘政治关系来看，从俄罗斯国内的经济复兴态势来看，从“一带一路”战略的落地实施来看，我们不仅需要研究俄罗斯，而且需要重点研究，并且有必要对此做前瞻性考虑。

更为重要的一点是，俄罗斯国内有相当多学界、政界的有识之士已经意识到了俄罗斯的“亚洲转向”，并撰写了大量关于中国的崛起与俄罗斯未来发展问题的专著和论文。比如，俄罗斯外交学院副院长亚历山大·鲁金在 2015 年出版了新著《崛起的中国与未来俄罗斯》，全书共 792 页，主要围绕中国的内政外交、中俄双边关系、中国与其他大国的国际关系等问题进行了大量翔实、客观、深入的讨论和研究。

与此同时，大量研究中国问题的智库型机构也纷纷成立，比如，由鲁金主持的、成立于 2004 年的俄罗斯外交部下设的东亚和上海合作组织研究中心。

在这种背景下，研究俄罗斯问题就不仅是重要的，更是紧迫的。

## 二、为什么要关注两派论战

本书考察的一条主线是发生在 19 世纪中期俄罗斯思想界斯拉夫派和西方派之间的一场历史争论。两派争论的焦点是俄罗斯民族历史道路的选择问题。那么，为什么选择关注两派论战？

19 世纪中期是俄罗斯现代化转型的关键时期。斯拉夫派和西方派代表了当时俄罗斯思想界的两个主要立场。争论本身产生了深远的影响。它不仅孕育了俄罗斯独特的哲学传统，也是俄罗斯自主性思想形成的标志性事件及俄罗斯思想史的开端，同时也为其他后发型现代性国家提供了借鉴。这个话题是一个重要的话题，也早已不是一个新论域。

两派论战一直是对俄罗斯问题感兴趣的研究者所关注的核心问题之一。这场历史争论的独特价值和意义使围绕这个问题展开讨论的角度颇多，著述也颇丰。

两派论战所开辟的问题域是近现代以来俄罗斯思想史发展的一条主线，时至今日，当欧亚主义和大西洋主义的争论甚嚣尘上时，其实质上仍延续了 19 世纪中期斯拉夫派与西方派争论的主题和立场，因此，关注两派论战对于更为深刻地理解俄罗斯思想史，把握近代以来“俄罗斯意识”的发展脉络，以及对当代俄罗斯的战略选择和思想动向进行趋势分析和预判都将具有重要意义。

## 三、国内外对两派论战的研究现状如何

由于本书的研究视角为历史哲学，因此，我们更多地侧重于对与之相关的学术成果进行介绍与评析，并拟分别从以下三个方面对该问题的研究现状进行论述：俄罗斯国内的研究现状、我国国内的研究现状和欧美国家的研究现状。

### （一）俄罗斯国内的研究现状

目前俄罗斯再次站在了历史的十字路口，“俄国将去向何方”的问题被再次提出。俄罗斯国内的意识形态领域处于新的“混乱时期”，各种历

史观念甚嚣尘上，沉渣泛起。欧亚派与大西洋派的历史道路之争持续升温，这不由得使人联想到了100多年前在斯拉夫派与西方派之间发生的历史争论。俄罗斯国国内学者从诸如政治、经济、外交、文化等多种视角对这段思想史进行了重新挖掘，以期为解决当代俄罗斯社会的现实问题提供借鉴。

因此，俄罗斯国内对这个问题的研究主要趋向表现为结合当今俄罗斯社会现实来概述两派的主要思想旨趣，最终指向影响国家政策走向。除此之外，两派也被看作当代知识分子的典范，研究者围绕知识分子话题讨论了当今俄罗斯知识分子的职责所在。

近年来，俄罗斯国内出版和再版了大量斯拉夫派与西方派代表人物的专著和文集，两派的历史争论也成为许多重要学术会议的讨论主题和访谈话题，出现了多部较为深刻的研究论著。现将比较有代表性的文献资料罗列如下：

（1）专著及文集：2007年出版了基列耶夫斯基的论文集《俄国生活的精神基础》和《И.基列耶夫斯基：19~21世纪俄罗斯思想中的精神之路》，其中收录了基列耶夫斯基关于俄罗斯民族精神性的思考，这构成了俄罗斯民族自主性的基础，这两部论文集也为本书的写作提供了大量的参考文献。2009年再版了恰达耶夫的《哲学书信：疯子的辩护》等。2010年出版了霍米雅科夫的文集《关于教会的学说》，在2008年出版了他的《俄罗斯的世界使命》，其中收录了许多霍米雅科夫关于俄罗斯历史使命的思考以及东正教在其中的关键性作用。这些专著和论文集的出版及再版也成为目前俄罗斯国内研究两派之争热潮的风向标。

（2）研究专著：近年来出版的主要研究专著如А.А.Кара–Мураза所著的《知识分子肖像：19~20世纪俄罗斯政治思想家素描》（2006）；В.Б.Рожковский所著的《基列耶夫斯基的遗产：哲学思考的经验》（2006）；А.И.Уткин所著的《西方的挑战与俄罗斯的应答》（2005）；З.А.Каменский所著的《斯拉夫派哲学：И.基列耶夫斯基和А.霍米雅科夫》（2003）；Л.И.Блехер等所著的《重要的俄罗斯争论：从西方派与斯拉夫派之争到全球主义和新中世纪主义之争》（2003）等。

（3）学术及学位论文：近年来学术及学位论文数量很大，研究角度和方法也颇有创新。如在《哲学与社会》2009年第3期刊载的А.В.Богданов的《不为人知的恰达耶夫》；2006年МГТУ年鉴中的许多论文涉及了两派的历史争论，如 Г.В.Жигунова 的《斯拉夫派哲学中的俄罗斯人的民族自我意识》；以两派之争为主题的学位论文数量也很多，在俄文网站 http：//revolution.allbest.ru 中可以查询到很多相关学位论文，如 2010 年 7 月 4 日上传的一篇名为《西方派与斯拉夫派的历史争论》的论文。

（4）访谈及会议论文：目前，有关两派之争的讨论范围已经明显扩大，讨论的媒介也显著更新，开始借助传媒等现代化手段，这有效地增加了讨论的受众面，提高了民众对这个问题的关注度。同时这种变化也表明，两派之争的讨论对当今的俄罗斯社会具有重要的价值和意义。如 2009 年 7 月 30 日俄罗斯科学院院士、政治学博士 Ю.С.Пивоваров 接受访谈，主题为《永恒的争论：西方派与斯拉夫派》；2007 年“右翼力量联盟”圆桌会议讨论主题为“俄罗斯社会中的道德权威”，斯拉夫派和西方派成员被看作当代知识分子的楷模、俄罗斯社会中的道德权威。

**（二）我国国内的研究现状**

由于我国同俄罗斯独特的地缘和历史相关性，国内学界一直密切关注当代俄罗斯社会的意识形态新动向。所有这些新动向都最终指向斯拉夫派同西方派争论时提出的历史道路问题。同时，两派之争开启的俄罗斯思想传统也为后来意识形态的形成提供了思想土壤。这就使得对当代俄罗斯意识形态的研究不断回溯到两派之争的研究上来。综合近年来我国国内主要期刊所刊载的相关研究成果，与本书相关的研究角度主要有思想史角度、史学角度和社会学角度。

（1）比较有代表性的思想史角度的研究成果包括白晓红的《俄国斯拉夫派思想探源》和《俄国与西方：俄罗斯观念的历史考察》、雷永生的《俄罗斯民族意识的觉醒——斯拉夫派和西方派的辩论》等。这些研究将两派争论放在整个俄罗斯乃至世界思想发展史的背景下来考察，对这场争论的思想史意义进行评价。目前国内学界趋同于对两派之争的思想史价值做出较高评价，将它定位为独立俄罗斯思想形成的标志和俄罗斯民族意识觉醒的推动力，尤其是对斯拉夫主义同德国浪漫主义及俄国的灵性至上传统之间的渊源进行了深刻的挖掘。

（2）比较有代表性的史学角度研究成果包括姚海的《俄国历史上斯拉夫派与西方派的争论》、张建华的《“东方”与“西方”的选择与间离》、孙坚的《冲突与融合——解析俄国的西方派和斯拉夫派之争》等。这些研究将争论的实质归结为对历史性问题的讨论。他们趋同于将斯拉夫派和西方派看作自由主义者，两者的根本区别就在于对历史传统的评价不同。在他们的研究中西方派否定历史传统，主张西方的社会发展模式；斯拉夫派肯定历史传统，排斥西方文明。这就表现为如何识别历史的问题，究竟是把历史看作一个“以西方为主导的寻求绝对真理的直线历史进程”还是“承认多种历史可能性的存在”。这样，问题又转化为对未来历史道路的选择问题。这些研究成果在对以上问题的论证上已经较为充分和全面。

（3）比较有代表性的社会学角度研究成果包括韩晓燕和张丹丹的《19世纪俄国斯拉夫派和西方派对现代化道路的论争》、齐嘉的《斯拉夫派与西方派的争论》、许相全的《在历史拐角处追寻民族传统——斯拉夫派与西方派、“五四”激进派与复古派论争之比较》等。这些研究主要从两派争论能为后发国家现代化道路提供哪些借鉴的角度切入，较为深刻地考察了两派在俄国现代化问题上所提供的不同解决方案。西方派倾向于将西方的社会模式移植到俄国来，重构俄国社会，从而加速俄国的现代化转型过程；斯拉夫派则强调俄国同西方存在根本性差异，西方的社会模式对俄国社会而言是异质的，因此，俄国要改革固有的社会构成要素，发展独特的现代化道路。这些研究最终都指向了我国的现代化道路问题，为我国现代化道路问题的理论研究提供了一定的参考。

除了以上学术论文外，近年来完成的和斯拉夫派与西方派历史争论相关主题的优秀博士、硕士学位论文也较多，比较有代表性的包括王勤榕在2000年完成的博士学位论文《俄罗斯文化转型问题研究》、王忠慧在2009年完成的《19~20世纪的俄国自由主义研究》等。虽然这些论文的主题并不是直指两派之争，但它们都从不同角度对这个问题做出了自己的解读。

**（三）欧美国家的研究现状**

以赛亚·柏林是国内比较熟悉的欧美、俄罗斯问题研究专家，他的两本俄罗斯问题研究著作《俄国思想家》和《苏联的心灵：共产主义时代的俄国文化》现在都已经有了中译本。这位出生在俄国（隶属沙皇统治的拉脱维亚）的自由主义思想家为欧美国家了解俄国及后来的苏联打开了一扇窗。他主要是在当时的社会背景下对两派的主要成员的生活命运和思想状态进行描述，分析他们的主要思想特征和当时的时代精神。

另一位对欧美国家影响较大的俄国问题研究者要数汉斯·科恩了。他被称为“美国民族主义研究之父”。他在第一次世界大战期间曾被俘并在俄国生活了五年之久，他在1955年出版的专著《民族主义：它的意义和历史》中对斯拉夫派的思想进行了深刻剖析。这种民族主义研究视角同当时欧美国家对苏联的意识形态研究的总趋势相吻合。

近年来，欧美国家非常关心俄罗斯的民主进程，学术研究也表现出这种趋势。如于2009年出版的Laura Enlelstein的《斯拉夫帝国：沙皇俄国的非自由之路》。

## 四、为什么选取黑格尔的主奴关系辩证法作为阐释框架

在考察了国内外关于两派论战的讨论之后发现，我们的研究尚缺少哲学考察维度。这种缺失会影响到话题本身的解读效果和深度，进而影响到探讨它的现实意义。补充哲学考察的维度是必要的。因此，本书不是简单复述这段思想史或补充某些史料细节，而是要引入哲学的运作方式对两派之争进行重新梳理和深入挖掘。

本书认为，如何识别这个历史事件是选择研究角度的决定因素。当我们把这个事件识别为一个后发型现代性国家为摆脱奴隶意识而进行的斗争时，哲学维度的引入就成为可能。实现这种识别的基础是对黑格尔主奴关系理论的现实解读。

黑格尔的主奴关系理论是一种意识性抽象框架，它可以有多种现实解读版本。在社会学家伊曼纽尔·沃勒斯坦那里，它被解读为“中心—边缘”的世界经济体系结构；在政治学家弗朗西斯·福山那里，它被解读为人类社会实现普遍民主自由的根本动机，历史也会因此走向终结；在法兰克福学派的代表人物阿克赛尔·霍耐特那里，它被解读为主体间冲突的主要伦理动机。由此可见，主奴关系辩证法是很好的理论资源，具有强大的现实解释力。

那么，主奴关系的内涵究竟是什么呢？在黑格尔的《精神现象学》中，它被描述为自我意识形成过程中的一种极端现象。它的主要内涵有以下三个层面：第一，它必然包含着自我和他者两个意识；第二，这两个意识是不平等的；第三，主人意识是获得完全承认的，奴隶意识是根本不被承认的，主人与奴隶的关系是可以倒置的，这种转变的关键是被承认，奴隶意识在未被承认之前会表现为分裂意识。奴隶会为结束分裂意识、获得承认而进行斗争。

通过解读主奴关系的内涵，我们可以把斯拉夫派和西方派的争论识别为一个后发民族为摆脱奴隶意识而进行的思想努力。这种思想努力的现实构成背景是由国家间竞争而形成的现代性世界格局。

在这个格局中，原发型现代性国家和后发型现代性国家的结构位置是不对等的。原发型现代性国家因其先导性优势获得了普遍承认，后发型现代性国家则通常处于被忽视和未被承认的状态之中。后发型现代性国家的现代化转型是它们争取承认的一个重要举措。

如何实现现代化转型是后发型现代性国家所面临的主要难题。斯拉夫派和西方派争论的基调正是如何实现现代化转型的问题，也即如何实现“从奴隶向主人转变”的问题。这就使得从哲学维度解读两派之争具有了某种可行性。

## 五、主奴关系辩证法框架下两派论战的深层内涵有哪些

当我们透过主奴关系框架再来看两派争论时就会扬弃这种表象，发掘出以下多重深层内涵：

第一，斯拉夫派与西方派的争论表现出俄罗斯的分裂意识。分裂意识是奴隶苦恼意识的基本内涵。它是在奴隶向主人转变的过程中，反观自身时始终能意识到主人作为强势他者的存在，又不能扬弃它，实现自身的统一，从而表现为分裂意识。

后发型现代性国家为争取承认而进行的斗争在很长一段时间内也是以这种分裂意识出现的。它是后发型现代性国家的伴随性意识。如果真有一种意识叫作“俄罗斯意识”的话，那么，在俄罗斯近 300 年的历史中，除去苏联时期之外，这种意识都表现为分裂意识。

俄罗斯从未真正摆脱过作为强势他者的西方。19 世纪中期西方派和斯拉夫派的出现实现了对这种分裂意识的首次命名。正如俄罗斯哲学家霍鲁日所说：“广义上来说，斯拉夫派和西方派是俄国文化和思想里的两个永恒的趋势和流派，是俄国社会里经常存在的两大立场。”

第二，奴隶产生分裂意识的根源是主人的存在。同样，后发型现代性国家产生分裂意识的根源是作为强势他者的西方的存在。而如何认识和“识别”他者是斯拉夫派和西方派产生分歧的根源。

在西方派眼中的“他者”是一个先行者，是一个在历史上走在前面、在发展逻辑上作为归宿的存在。他们相信各个民族都依赖统一的发展模式和构成要素，整个人类历史就是一个消解地缘性“他者”，实现人类共同文明的过程。换句话来说，西方的今天就是其他后发型现代性国家的明天。因此，他们主张学习西方来改造俄罗斯。

在斯拉夫派眼中的“他者”并不是唯一的现实，也不是未来的自己。他们坚持历史存在多种可能性，并以此来捍卫俄罗斯民族独特的历史传统。俄罗斯虽然在物质上是匮乏的，但在精神上却是强大的。俄罗斯强大的精神来源于灵性至上的传统，这正是拯救“腐败的西方”的良药。因此，他们主张挖掘并保存俄罗斯传统文化中的精神特质，在实现自救的同时，也能救赎西方。

第三，西方派与斯拉夫派的争论，实际上是欧洲“启蒙理性主义”与“浪漫派”争论的滥觞。西方派认同西方他者就是认同理性，斯拉夫派认同民族传统就是认同浪漫派的多样性原则。如果说西方派与斯拉夫派的争论体现着“俄罗斯意识”长期处于一种分裂状态，那么启蒙理性主义与浪漫派则反映了现代性文明内在的分裂意识。

启蒙理性主义思潮是在西方价值体系的合理性对后发型现代性国家产生了扩张优势之后形成的。与启蒙理性主义同时出现的浪漫派是对它的一种反叛。

如果启蒙理性主义认为人类的历史就是走向均质化普遍文明的历程，那么，浪漫主义者会说，没有普遍史，一个民族或文明不应该成为另一个民族或文明的“摹本”。历史是每个民族有机体自然发展的过程，“他者”不会消解，甚至会成为抵御西化的坚硬壁垒。因此，浪漫派总是作为启蒙理性主义的批判者和救赎者而存在。

第四，由此可见，两派争论实质上是作为俄国理性主义者的西方派和作为俄国浪漫主义者的斯拉夫派在争取俄罗斯被承认的问题上的争论。

两派都敏锐地察觉到了俄罗斯同西方之间的非等同性。争取承认是他们争论的共同基调。但争取承认的理念是不同的。不同的理念决定了不同的政治经济策略向度。

西方派相信，要想获得承认必须摆脱俄罗斯的愚昧与落后。愚昧与落后是“奴隶意识”的本质。要想摆脱这种奴隶意识就必须向走在普遍文明进程前面的西方学习。通过同质化过程之后，俄罗斯就可以终结自己的分裂意识，成为同西方他者对等的主体，进而赢得承认。

斯拉夫派并不认同西方派对“奴隶意识”的解读，并将模仿西方看作“奴隶意识”的表现。他们相信，工具理性已经使西方人陷入物质主义的牢笼之中了。模仿西方不仅不能摆脱奴隶意识，反而会陷入另一种奴隶状态之中去。

要想摆脱奴隶意识就必须要确立自己的民族自主性。培育自主性意识不仅可以让俄罗斯民族获得尊严和承认，甚至可能在未来取代西方成为主人。这种可能性源自俄罗斯纯正的基督教传统。斯拉夫派相信，基督教必然会实现世界的统一。斯拉夫派除了上帝和自我不向任何他者屈膝。

第五，如果斯拉夫派成为世界新主人的野心还是胆怯的，那么，这种野心在欧亚主义者那里就变得异常坚定了。20 世纪 20 年代的“欧亚主义”可能首次结束了西方派和斯拉夫派的“分裂意识”，并发展出作为“独立自主的道路”的欧亚主义意识。这部分可以作为 19 世纪俄罗斯争论的效果史来看待。

欧亚主义深受斯拉夫派自主性意识的影响，因此，在新的历史背景下通过回归东方、回归自我、建立“欧亚洲”的方式确立了自主性发展道路。

他们所提出的“欧亚洲”是作为一个文明有机体出现的。俄罗斯是一种独特的文明类型。它既不同于西方文明，也有别于东方文明，或许只能称为“欧亚文明”。欧亚文明是继罗马和拜占庭文化之后的第三种世界性文明。它终将取代西方文明成为人类的普遍文明。俄罗斯是欧亚文明辐射圈的中心，即俄罗斯是世界的新主人。

欧亚主义在苏联解体后成为俄罗斯哲学和政治学讨论的热点话题。不仅在俄罗斯科学院下设立了“欧亚研究中心”，2002 年还在俄罗斯政治家和学者亚历山大·杜金的领导下成立了“欧亚党”。

在欧亚主义复兴的大背景下，俄罗斯国内出版了大量古典欧亚主义的著作，不少哲学家宣传欧亚主义的观点并运用这些观点来分析俄罗斯的现实处境和发展趋势。如著名的欧亚主义研究者巴纳林认为，在苏联解体之后，客观现实需要欧亚主义：“第一，后苏联空间的整体性，俄罗斯国家的整体性受到威胁；第二，迫切需要重建俄罗斯在思想上的统一；第三，寻找后工业主义，后现代主义发展道路提上日程。”

第六，斯拉夫派和欧亚派都坚持俄罗斯是独特的文明，而且这种文明是优越的。这种文化优越论的腔调让我们想起了浪漫派先驱约翰·哥特弗雷德·赫尔德（1744~1803）和他的文明有机论。他的文明有机论为那些同斯拉夫派一样寻求民族独特性合法性证明的知识分子群体提供了理论支撑。

进一步来说，他在斯拉夫派之前就提出了俄罗斯文化优越论的观念。由此，关注浪漫派与俄罗斯内部斯拉夫派的理论关系成为一个重要任务。以往人们普遍关注斯拉夫派与谢林，本书将触角进一步延伸到赫尔德，并由此勾画出一个“文明有机论”的观念谱系。

这个观念谱系尤其为后发型现代性国家中那些“反抗他者意识”的知识群体和西方内部的批判知识分子所钟爱。同时，以“文明有机论”为线索可以对俄罗斯思想史进行重新梳理，尤其可以为深入探讨俄罗斯文学和文艺打开一个新视角。

## 六、为什么要引入俄罗斯文明圈的概念

如果按照之前的研究设想，以上这些内容便是本书的主体部分（事实上也大致如此），但随着研究的不断深入，我们发觉，斯拉夫派对于俄罗斯独特文明的强调似乎存在一定的合理性。亨廷顿在《文明的冲突与世界秩序的重建》中提出的“文明圈”的概念恰好成为考察这种合理性的较为有效的理论工具。

本书借助“文明圈”的概念重新梳理了俄罗斯的历史，并将其划分为两阶段的建构和解构过程，同时指出，这种建构和解构过程是一种双向运动，换言之，俄罗斯文明圈始终处于建构中。这与俄罗斯民族自我意识“尚未完成”直接相关。

由此，借用“文明圈”概念对俄罗斯历史的讨论就得以嵌入到斯拉夫派/西方派所代表的俄罗斯分裂意识之中来。正是由于俄罗斯民族始终无法终结这种分裂意识，所以它也不可能实现完整的自我意识，俄罗斯文明圈也就始终处于建构之中。

进一步来说，斯拉夫主义与欧亚主义代表了俄罗斯为终结分裂意识而进行的两种意识上的努力，如果从重建俄罗斯文明圈的角度来看，这也是两种可能方案。这既为重新阐释和解读斯拉夫主义和欧亚主义提供了一种可能的视角，也为进一步明确两者的区别提供了共同的阐释框架。

因此，对于如何结束俄罗斯分裂意识的讨论与对于如何实现俄罗斯文明圈重建的讨论在本质上是同一的。

## 七、本书的基本结构

本书大体分为五个部分：第一部分首先对“文明圈”、“俄罗斯文明圈”等核心概念进行了界定，并主要描述了俄罗斯文明圈的“建构—解构”的历史过程，同时指出，俄罗斯文明圈始终处于“建构—解构—再建构”的双向运动之中，这部分是由于俄罗斯民族的自我意识尚未完成、始终在建构中而造成的。

第二部分主要介绍了发生在 19 世纪上半叶斯拉夫派与西方派关于历史道路选择问题的大争论，两派争论发生在俄罗斯文明圈与西方文明圈遭遇之后最为关键的历史时期，它也成为了对俄罗斯分裂意识的首次命名。

第三部分围绕斯拉夫派与西方派两种不同的历史观，即多线型历史观和单线型历史观展开讨论，并着重考察了斯拉夫派的历史观与德国浪漫派先驱赫尔德的文明有机论之间的关系，进而说明西方派与斯拉夫派之争亦是西方理性主义与浪漫派之争的延续与回声。

第四部分主要借助黑格尔在《精神现象学》中提出的主奴关系辩证法，将其作为阐释框架并且分析了俄罗斯“分裂意识”形成的根本原因就是作为强势他者的“西方”的存在，而摆脱这种分裂意识的唯一途径就是获得西方的“承认”。

第五部分是围绕“如何为争取承认而斗争”的话题展开，西方派与斯拉夫派给出了不同的争取承认的方式：成为“另一个西方”或“异—西方”。“异—西方”的观念所代表的自主性意识自上延续了“莫斯科—第三罗马”学说及弥赛亚意识，至下影响了 20 世纪初的欧亚主义。后者探索了一条不同于西方也不同于东方的“第三条道路”。与此同时，斯拉夫主义和欧亚主义也是重建俄罗斯文明圈的两大认同范式。

与此同时，为强调说明俄罗斯民族自主性意识，在附录部分补充性地探讨了霍米雅科夫的“聚和性”概念。“聚和性”本是一个教会学概念，但如果在现代性视域下重新检视它就可以发现，它依然包含着斯拉夫派乃至贯穿俄罗斯民族意识始终的对“自主性”的诉求。

总体而言，俄罗斯民族因作为强势他者的“西方”的存在始终未能摆脱“分裂意识”，但作为一个具有强烈弥赛亚意识的文明型国家而言，它又始终没有放弃为争取承认而进行的斗争。

进一步来说，这种斗争因俄罗斯民族的“自主性意识”而变成了争取承认优越性的斗争，这正是本书的主要题旨：分裂的宿命与自主性的抗争。

尽管本书在研究视角、理论工具、论述方法上都有一定创新之处，在研究材料上也尽可能多地使用俄文的第一手研究材料（本人也翻译了斯拉夫主义和欧亚主义代表人物的部分著作），但由于本人理论修养尚显不足，这使得本书在提出问题以及进行理论论证上存在一些不足。加之本人所掌握的哲学社会科学的思想资源很有限，在处理材料时往往出现概括不当、分析不透彻的情况，因此，本书的很多材料并未获得充分加工和挖掘，这也影响了全书的理论价值和思想深度。

特别是因部分内容已发表，可能存在内容重合现象，特别是第五章“欧亚主义与斯拉夫主义——俄罗斯文明圈重建的两种可能方案”，与之同名的论文已经在《苏州大学学报（哲学社会科学版）》（2014 年第 2 期）上发表过，重合部分较多，在此先行做个说明。

因此，本书虽经多次改动，但总体而言尚属阶段性研究成果，谬误之处并非少数，希望得到更多同人和广大读者的批评指正。

# 第一章　俄罗斯文明圈的建构——解构史

本章将主要围绕俄罗斯文明圈的建构—解构问题进行论述。事实上，如果按照亨廷顿在《文明的冲突与世界秩序的重建》中所做出的界定，俄罗斯仅作为东正教文明圈的核心国家，从这个意义上来说，“俄罗斯文明圈”很可能被视为一个“伪概念”，但本章即从厘清这个“伪概念”开始，并对这个概念进行阐释和界定。

在此基础上，我们将以此概念为基础来建构分析框架，将俄罗斯历史解读为俄罗斯文明圈的建构史和解构史。同时指出这种建构或解构的过程并不是单向运动，而是双向的互动过程，并进一步试图分析造成这种双向运动的原因。

## 第一节　何为俄罗斯文明圈

本节主要梳理文明圈、俄罗斯文明圈等概念，形成较为清晰和明确的概念体系与阐释框架。这是讨论俄罗斯文明圈的建构—解构问题的基础和原点，也构成了本书写作的基础和原点。

### 一、亨廷顿的“文明圈”概念

美国哈佛大学教授亨廷顿在其成名之作《文明的冲突与世界秩序的重建》中提出了“文明圈”的概念，并以此为基础构建出一个“同质文明则联合，异质文明则冲突”的阐释框架，以期解读后冷战时期所发生的各种区域间冲突和世界秩序得以重新确立的原则。

这本著作及其之前发表的论文《文明的冲突？》在世界各国引起了广泛的反响乃至争论。亨廷顿对此做出了自己的解释，因为“人们正在寻求并迫切地需要一个关于世界政治的思维框架”，[①] 而他提出的“文明的冲突”模式似乎满足了这一需要。

亨廷顿认为，冷战时期两个世界性大国或大国集团相互对立的局势已经随着苏联的解体而完结，在后冷战时期世界秩序重建中发挥关键性作用的将是文化。

长期以来，西方的国际关系学者一直忽略了文化因素在全球政治中的作用，“文明冲突论”唤起了人们对文化因素的关注，并提出文化在后冷战时期世界秩序重建中可能发挥两种截然相反的作用：弥合或分裂。

冷战时期因意识形态对立而分离的两个国家或地区可能因同质的文化而重新统一在一起，如东德和西德所经历的那样；相反，一些因意识形态而统一在一起的国家或地区却可能因异质的文化而走向分离，东欧的剧变和苏联的解体都是很好的例子。

因此，亨廷顿做出了一个基本判断，那就是冷战时期的两极世界正在被一种多文明和多极的世界所取代：

“总而言之，冷战后时代的世界是一个包含了七个或八个主要文明的世界。文化的共性和差异影响了国家的利益、对抗和联合。世界上最重要的国家绝大多数来自不同的文明。最可能逐步升级为更大规模的战争的地区冲突是来自不同文明的集团和国家之间的冲突。政治和经济发展的主导模式因文明的不同而不同。国际议题中的关键争论问题包含文明之间的差异。权力正在从长期以来占支配地位的西方向非西方的各文明转移。全球政治已变成多极的和多文明的。”[②]

进一步来说，文化认同或同质文化的吸引力正取代意识形态而成为在当下世界回答“我们是谁”的依据和标准。20 世纪 90 年代，全球性的认同危机爆发了。冷战时期用来规范和引导人们认同的意识形态失效了，取而代之的是文化认同。

---

① ［美］塞缪尔·亨廷顿：《文明的冲突与世界秩序的重建》，周琪等译，新华出版社，2010 年版，第 1 页。

② ［美］塞缪尔·亨廷顿：《文明的冲突与世界秩序的重建》，周琪等译，新华出版社，2010 年版，第 7 页。

“在冷战后的世界，旗帜有其考虑的价值，其他文化认同的标志也是如此，包括十字架、新月形，甚至头盖，因为文化有其考虑的价值，文化认同对于大多数人来说是最有意义的东西。”①

值得一提的是，“我们是谁”也成为了亨廷顿另外一本著作的书名。在这本书中作者主要探讨了当代美国所面临的各种文化认同困境和问题，诸如因移民而形成的墨西哥文化认同对美国固有文化认同的冲击等，指出了保存和重申美国国民性（比如英语、新教等文化特征）的必要性和重要性。

这或许正是因为亨廷顿意识到：“人们用祖先、宗教、语言、历史、价值观、习俗和体制来界定自己。”② 正是基于这样一种判断和对文化作用的重新认识和评估，“文化”和“文明”等概念才具有了非比寻常的重要现实意义。

那么，在亨廷顿的理解中，究竟什么是文化？什么是文明？什么是文明圈呢？如果我们把文化定义为“价值观、准则、体制和在一个既定社会中历代人赋予了头等重要性的思维模式”③ 的话，那么，文明则是**文化的最大化**，即人们所认同的最大的文化。换言之，文明是最大的“我们”，在其中我们在文化上感到安适，因为它使我们区别于所有在它之外的各种“他们”。

至于“文明圈”的概念，虽然亨廷顿在《文明的冲突和世界秩序的重建》中很少使用“文明圈”，而多以“文明”代之，但事实上，布罗代尔就曾经提出，后者也被亨廷顿所引用，“文明”本身就是“一个空间，一个‘文化领域’，是文化特征和现象的一个集合”。④ 这里的“文明”已经含有空间概念，这是其一。

其二，亨廷顿在分析文明的内部构成时指出：“这些文明集团中的国家往往围绕着一个核心国家或几个核心国家分散在同心圆中，反映了与那种文明的认同程度以及融入那种文明集团的程度。”⑤

---

①［美］塞缪尔·亨廷顿：《文明的冲突与世界秩序的重建》，周琪等译，新华出版社，2010 年版，第 4 页。

②［美］塞缪尔·亨廷顿：《文明的冲突与世界秩序的重建》，周琪等译，新华出版社，2010 年版，第 5 页。

③④［美］塞缪尔·亨廷顿：《文明的冲突与世界秩序的重建》，周琪等译，新华出版社，2010 年版，第 20 页。

⑤［美］塞缪尔·亨廷顿：《文明的冲突与世界秩序的重建》，周琪等译，新华出版社，2010 年版，第 135 页。

换言之，按照对某种文明认同程度的多少，属于这种文明“势力范围”的不同国家所处的位置也有所不同。最能体现或代表这种文明的国家显然处于核心位置，被亨廷顿称为“核心国家”，其他国家按照与这种文明的亲疏关系形成了一个以这个核心国家为中心的“同心圆”的结构。

这种描述方式本身更进一步表明，亨廷顿的“文明”与“文明圈”概念在某些情况下是可以相互替代的，比如，当他在谈论某种文明所影响的区域或所覆盖的势力范围的时候，两者的内涵基本上是一致的。但在其他情况下，比如对文明性质进行分析时，两者是不能相混淆的。

从这个意义上来讲，“文明圈”或许可以被定义为“建立了某种共同的最大文化认同的区域以及在此区域内所生活的人类群体”。所有生活在这个区域内的人们都把彼此看作自己人，而把这个区域之外生活的人们看作与自己不同的“他们”，由此构成了一个“最大的我们”，也就是文明。

那么，文明圈又是如何来划界的呢？通常来讲，文明圈并没有明确的界限，它所覆盖的区域可以超越现代民族国家的界限，甚至可以超越种族和民族的差异。

当然，我们可以根据一些客观标准来界定某个文明圈的范围，如语言、历史、宗教、习俗、体制、价值观等，但更为重要的却是生活在某个区域内的人类群体是如何进行自我认同的。我们可以根据群体的自我认同来粗略地区分文明圈的范围。

人们的自我认同又可能随着时间的变化而变化，虽然可以根据某些客观因素把某个人类群体划入某个文明圈之中，但如果这个群体自身并不认同这个文明圈的核心价值观，那么，这种划分也就失去了它的正当性，当代乌克兰之于俄罗斯可能就是一例。

如果按照上述客观标准来判断乌克兰是否属于俄罗斯文明圈，答案是肯定的。俄罗斯民族和乌克兰民族在语言、历史、宗教、习俗等许多方面都是极其相近或相关的，但当代乌克兰人却并不认同甚至反对俄罗斯民族的一些基本价值观，所以并不能把乌克兰划入俄罗斯文明圈之中。

反之亦然。如果根据那些客观因素，某个人类群体本不应该属于某个文明圈，但这个群体自身却强烈地认同这个文明圈的核心价值，那么，将其划入其中就获得了正当性，现代土耳其之于西方或可算作一例。

土耳其无论从历史、语言、宗教、习俗等各方面都与西方世界有着显著的差异，但自20世纪20年代的凯末尔改革开始，土耳其一直在努力使自己被西方所接受，成为西方和欧洲的一员，尽管这种努力可能至今仍远未实现。

总之，“文明圈”是亨廷顿为阐释后冷战时期区域间冲突和世界秩序重建而提出的，虽然这种“同质文明则联合，异质文明则冲突”的阐释框架不免会有把复杂问题简单化处理的嫌疑，但借用“文明圈”这个概念来重新审视俄罗斯的历史却可以开掘出一整套新的叙述话语，再结合对俄罗斯民族思想谱系的考察，更会形成一个全新的“历史阐释空间”，这构成了本书使用“文明圈”概念的主要原因。

尽管如此，亨廷顿的文明冲突论确实引发了广泛的争论，甚至是抨击，其中最为著名的当属诺贝尔经济学奖获得者阿马蒂亚·森的《身份与暴力——命运的幻象》。为了充分说明这一问题，我们暂时偏离主题，简单介绍一下阿马蒂亚·森对亨廷顿的反驳。

## 二、命运的幻象：对文明圈理论的回击

尽管亨廷顿的“同质文明则联合，异质文明则冲突”的阐释框架具有一定的现实解释力，特别是在美国本土发生“9·11”恐怖袭击事件之后更因其精准的预测而备受推崇。但不可否认的是，当今世界恐怖主义、宗教原教旨主义等极端思想的滋生和泛滥是一种极其复杂的社会现象，包含着大量历史、经济和文化因素。

根据某种单一的文明或文化标准来对世界上的所有人进行分类可能恰恰成为滋生暴力和恐怖主义的温床。这就构成了阿马蒂亚·森在《身份与暴力——命运的幻象》中的核心论点之一。

阿马蒂亚·森对亨廷顿的理论反驳在一定程度上继承了法兰克福学派提出的不能“一维化”或“单向度化”来看待人的理论传统，并站在人性和全球伦理的高度提出，“一旦世界上的种种区别被整合简化成某一单维度的、具有支配性的分类体系——诸如按照宗教、种族、文化、民族或者文明划分并在处理战争与和平问题时按照这种方法把其相关维度看作是唯一起作用的，那么我们**所共享的人性**便受到了粗暴的挑战”。[①]

① ［印］阿马蒂亚·森：《身份与暴力：命运的幻象》，李风华等译，中国人民大学出版社，2013年版，第3页。

阿马蒂亚·森更进一步指出了这种理论被某些别有用心的人所利用后可能产生的不利后果：暴力的滋生和蔓延。“暴力往往孕育于这样一种认知，即我们不可避免地属于某种所谓唯一的——并且往往是好斗的——身份，该身份可不容置疑地向我们提出极其广泛的要求。”①

为了证明其观点，阿马蒂亚·森在书中列举了大量身份认同与滋生暴力的历史事件，包括 20 世纪 40 年代发生在印度的印度教徒与穆斯林之间的冲突、发生在卢旺达的胡图人和图西族人之间的种族屠杀乃至当今的宗教极端主义所制造的恐怖袭击。

当某个群体“发现”或“被赋予”某种特定的身份认同时，特别是当这种身份认同是一种强烈的排他性认同时，这个群体就会与其他群体相疏远、背离甚至仇视，似乎这种身份认同是与生俱来、不可抗拒的“命运”。

但阿马蒂亚·森认为，这实际上是“命运的幻象”。真实的世界或可能出现的另一个世界与之完全不同。每个人都可以通过理性的思考来选择自己的身份，并在不同环境和情况下，确定其不同身份的优先性。

事实上，在宗教信仰上相同的穆斯林可能持有完全不同的政治观点（支持政教合一或世俗政权），也可能享有完全不同的生活方式（传统的或者现代的）等。因此，在阿马蒂亚·森看来，单一性的身份认同，无论是基于宗教、种族、文明或文化等划分标准，都是一种狭隘的视角和观点，是对多维度、多面向的人的简化和片面化处理。

要想实现对自我身份认同的理性选择，至少应满足以下两个条件：

第一，在制度设计上要充分保障公民进行自我身份选择的权利。赋予民众这种权利是构建公民社会的重要内容，也是民主、包容、多元的现代社会的内在要求。

我们很难想象，“一名生活在纳粹德国的犹太人、一名生活在美国南方且不得不面对设立私刑的暴徒的非裔美国人，或者一名在印度北比哈尔邦面对高种姓地主的枪口加入叛乱的无地雇农，也许根本就无力改变压迫者眼中他或她的身份”②。因此，在当代社会的公共政策设计中，我们要关

① [印] 阿马蒂亚·森：《身份与暴力——命运的幻象》，李风华等译，中国人民大学出版社，2013 年版，第 3 页。

② [印] 阿马蒂亚·森：《身份与暴力——命运的幻象》，李风华等译，中国人民大学出版社，2013 年版，第 25 页。

注并保障这种选择自我身份的权利问题，比如民族身份。

第二，要合理利用学校教育以培养未来公民做出理性推理与选择的能力和担当意识。即使在当代民主社会中，公众在进行自我身份的选择上仍会受到一些制约。这些制约通常是一些必要的社会前提和条件，比如“我无法选择成为一名来自拉普兰的蓝眼少女，完全习惯于长达六个月的黑夜”。①

但更为重要的是，在这些必要的约束条件之下对自我身份做出理性选择，还必须要具有理性推理的能力和担当。这在公共政策层面可以通过推动学校进行相关的教育和培训来实现。

这里还涉及一个重要话题，即文化自由与文化多元主义之间的关系问题。当下，人们已经充分意识到了保持文化多样的重要性。但阿马蒂亚·森强调指出，应在“尽量确保人们享有自由选择权利的前提下，弘扬多元文化主义”。②

换言之，“我们在评价多元文化公正性的时候，是应该依据他们可以在多大程度上通过一个在国家内获得受教育机会、参与公民社会活动以及政治经济过程而有效地做出理性选择的能力”。

因此，阿马蒂亚·森认为，亨廷顿提出的文明冲突论在一定程度上造成了世界的分裂和不和谐状态。“在这个多灾多难的世界上实现和谐的主要希望在于承认我们身份的多重性。这种多重性意味着人们同时具有相互交叉的不同身份，它有利于我们反对按某一坚硬的标准来划分人们而导致的、据说是不可克服的尖锐分裂。”③

但也有学者指出，阿马蒂亚·森对亨廷顿的理论反驳恰恰证明了其自身的理论局限性。他并未对伊斯兰教的特殊性和复杂性进行充分的考察和深入的反思，对一些问题也没有深入的意识。

也有学者从全新的角度来解读亨廷顿的“文明冲突论”，认为它“并非只是针对世界政治现象进行诠释，更是一种关于美国的策略论述。‘文

① ［印］阿马蒂亚·森：《身份与暴力——命运的幻象》，李风华等译，中国人民大学出版社，2013年版，第25页。

② ［印］阿马蒂亚·森：《身份与暴力——命运的幻象》，李风华等译，中国人民大学出版社，2013年版，第120页。

③ ［印］阿马蒂亚·森：《身份与暴力——命运的幻象》，李风华等译，中国人民大学出版社，2013年版，第14页。

明冲突论’出现的时机，适逢美国在冷战终结与苏联解体后重新界定其世界政治策略与地缘政治角色的摸索期”。①

这种理论论争在一定程度上反映了学界本身对极端恐怖主义蔓延和暴力滋生问题的持续关注与担忧，也是众多学者为解释乃至解决这一问题所作出的理论努力和尝试。应该承认的是，无论看似多么完美的理论体系和框架都有其缺陷和不足，因此，重要的是要对其不断进行完善和调整，使之更具现实解释力。

我们可能需要暂时搁置这一学术争论，回归到本书的主题上来。既然我们选择以“文明圈”作为重构俄罗斯历史的基本概念，那么，亨廷顿口中的构成当代世界的七八个文明圈都有哪些呢？它们又具有怎样的特点呢？

## 三、当代世界的几大文明圈

如上文所述，亨廷顿在《文明的冲突与世界秩序的重建》一书中提出，在后冷战时期，可以按照文明圈归属来判断不同民族国家之间可能形成的关系，即或结盟或对抗。那么，当代世界存在哪些文明圈或文明呢？

根据亨廷顿的说法，大多数学者都基本同意当代世界存在八个主要文明，它们分别是中华文明、日本文明、印度文明、伊斯兰文明、东正教文明、西方文明、拉丁美洲文明，甚至可能还包括非洲文明。以下我们就简单地介绍一下这八大文明的基本情况。

（1）中华文明：中华文明是古代文明中存续下来的几大文明之一，它的核心文化是儒教文化，因此也有人将其称为儒教文明。其文明圈所覆盖的范围超过了中国这个政治实体的主权范围，而扩展到所有认同儒教文化的东南亚地区，主要包括朝鲜和日本。大多数西方学者都承认中华文明是一个连续的古老文明。这个文明之所以会产生如此持久内聚力的原因主要包括统一的文字、统一的官僚选拔制度、统一的人治社会体系等。

（2）日本文明：毫无疑问，虽然可以把日本文明视为一种独立的文明形态，但首先必须承认它是中华文明的后代，形成于公元 2~5 世纪。

在 《日本文化交流小史》一书中，作者指出，日本学者并不回避近代

---

① 张锡模：《圣战与文明——伊斯兰与西方的永恒冲突》，三联书店，2014 年版，第 6 页。

之前日本曾与中国进行密切文化交流的事实，并且承认中华文化（包括汉字、文学、宗教等）对日本文化的形成所发挥的决定性作用。但不可否认的是，大和民族在吸收和学习中华文化的过程中，也把自己民族的传统文化要素（如日本的传统宗教——神道教）融入其中，并在文学、宗教、风俗等各个层面形成了自己独特的文明特征，如日本独特的诗歌形式——和歌就是日本上层社会创造性地发展了唐诗而出现的。

（3）印度文明：同中华文明相类似，印度文明也是仅存的几大古代文明之一。它的存在至少可以追溯到公元前 1500 年左右。印度教是这个文明的核心。印度文明所覆盖的范围主要是南亚次大陆。虽然在这个区域内也存在着伊斯兰教等其他文化形式，但印度教始终都是南亚次大陆文化的核心要素。

（4）伊斯兰文明：毋庸置疑，伊斯兰文明的核心是伊斯兰教，它形成于公元 7 世纪的阿拉伯半岛，并迅速传播到了北非、伊比利亚半岛、中东和中亚等地。它包含一些独特的文化或次文明，如阿拉伯文化、土耳其文化、波斯文化和马来文化等。

（5）东正教文明：东正教文明圈是以俄罗斯为中心所覆盖的欧亚大陆的大部分区域。按照亨廷顿的说法，没有把东正教文明归入西方文明圈的主要原因有二：其一，该文明的核心是东正教，它不同于西方的天主教，起源于古拜占庭帝国；其二，俄罗斯等东正教国家在公元 11~13 世纪蒙古统治时期基本与西方隔绝，且继承了东方的君主专制政体，受启蒙运动、文艺复兴和宗教改革的影响较少。

（6）西方文明：西方文明形成于公元 8~9 世纪，所覆盖的范围主要包括三个地区：欧洲、北美和大洋洲的一些国家，如澳大利亚、新西兰等。

使用“西方”这一表述方位的术语来限制和说明一个文明确实引发了许多误解，它不像其他文明一样或是以宗教、或是以种族、或是以地理名称来进行命名的。

这里存在的主要问题在于西方文明实质上是欧洲文明，但在 19 世纪时欧洲与北美持续了很长一段时间的文化对抗和对立。直到近当代，在更为广阔的文明背景之下，欧美才形成了更大范围的文化认同，所以使用“西方”这一地缘性术语来称谓近代以后形成的更大范围的文化认同也就较为适宜。

（7）拉丁美洲文明：作为西方文明的后代，拉丁美洲文明具有一些独特文化特质。这些文化特质（如社团主义、独裁主义等）使其与欧洲和北美文化区分开来。

与欧洲与北美不同，拉丁美洲仍是天主教的世界，同时，拉丁美洲还结合了一些本土文化的要素。对于拉丁美洲人自己而言，他们在文化认同上存在着两种截然不同的观点：一种认为自己是西方的一部分，但另一种却坚持拉丁美洲自己独特的文化。

（8）非洲文明：虽然有些学者不承认存在单独的非洲文明，但亨廷顿和布罗代尔却相信，随着非洲认同感的逐渐增强，在非洲撒哈拉沙漠以南的地区或许会出现一个以南非为核心国家的新的非洲文明。

通过对当代几大文明圈的描述，我们可以看出，文明圈可能具有以下这些基本特征：第一，由于文明是一个**文化实体**，而不是一个政治实体，所以文明圈的范围通常超越现代民族国家的疆界，表现为几个或多个民族国家所形成的集团。

第二，文明圈是动态的**演变过程**，所有文明都要经历从形成、成长、成熟、衰落直至死亡的过程，在此过程中，文明圈的势力范围也会随之发生改变。

与此同时，由于不同文明圈之间还会形成碰撞和融合，文明圈的边界也因此会变得相当模糊。当然这种把文明视为一种有机体的观念也与下文我们将要论述的文明有机论和文明史观相关。

第三，文明都有一个核心的文化认同要素。这个要素可能是宗教，可能是种族，也可能是地缘。但正如克里斯托弗·道森所说："伟大的宗教是伟大的文明赖以建立的基础。"这八大文明中至少有四个文明是以宗教为基础的（中华文明、印度文明、伊斯兰文明、东正教文明，甚至包括西方文明）。这也是我们划分文明圈界限的主要依据之一。

也有学者指出，亨廷顿的"文明冲突论"存在"语意暧昧"（Semantic Ambiguity）的问题，经常把文明、文化与宗教混淆使用，而且对文明单位的界定和划分也显得有些模糊。[①] 或许正因如此，亨廷顿在讨论俄罗斯问题时，使用了东正教文明圈的概念。我们认为，东正教文明圈这个概念并不十分恰当，本书拟采用"俄罗斯文明圈"来替代"东正教文明圈"，这是我们在下一部分中将要讨论的主要问题。

---

① 张锡模：《圣战与文明——伊斯兰与西方的永恒冲突》，三联书店，2014 年版，第 6 页。

## 四、俄罗斯文明圈而非东正教文明圈

至于“俄罗斯文明圈”，按照亨廷顿在《文明的冲突与世界秩序的重建》中对当今世界各个文明的划分来看，俄罗斯是东正教文明的核心国家。

“俄罗斯处于核心地位，相当于西方的法国和德国，它与一个内环密切相连，这个内环包括两个主要信奉东正教的斯拉夫共和国——白俄罗斯和摩尔多瓦，还包括哈萨克斯坦（其人口中有40%是俄罗斯人）和亚美尼亚（历史上它是俄罗斯的亲密盟国）。”①

但我们认为，使用“俄罗斯文明圈”来替代“东正教文明圈”命名俄罗斯文化的影响区域或势力范围似乎更为恰当，其原因如下：

第一，尽管东正教是俄罗斯文化的核心要素，始终被视为俄罗斯文化或民族的鲜明特征，甚至许多学者将其视为俄罗斯文化的根源，但俄罗斯文化除了东正教之外，还包含其他独特的文化要素。

在俄罗斯历史上，存在一些重大事件曾深刻地改变了这个民族的个性和命运，比如13~15世纪蒙古的统治给它留下了东方专制主义的传统，再比如古老的村社组织形式而培养起来的集体主义精神，甚至俄语和独特的俄罗斯文学、艺术等都反映了俄罗斯文化的某种特性。

第二，自莫斯科公国统一俄罗斯之后，沙皇俄国始终是一个热衷于领土扩张的国家。从17世纪乃至更早，沙俄就已开始蚕食西伯利亚和远东地区，并垂涎于中亚丰富的物产资源。

直至19世纪后期，沙俄已把远东地区和中亚直至波罗的海、高加索等地区囊括到自己的版图之中。虽然沙俄始终迫使当地居民皈依东正教，但收效甚微，中亚地区的绝大多数居民仍信奉伊斯兰教。换言之，亨廷顿所说的那个“东正教文明圈”在这个历史时期并不是以东正教为向心力源泉的。

但毋庸置疑的是，经过近一个世纪的“俄罗斯化”，② 俄罗斯文化的要

---

①［美］塞缪尔·亨廷顿：《文明的冲突与世界秩序的重建》，周琪等译，新华出版社，2010年版，第142页。

②“俄罗斯化”的俄文为“руссификация”，意思是“强制推行俄罗斯化”，在许多人的观念中，它等同于“强制同化”，是俄罗斯沙文主义的代名词。事实上，几乎所有的殖民地国家都曾有过这种被迫同化的遭遇。

素已经渗透到了当地文化之中。随着大批俄罗斯移民涌入中亚，当地建起了许多俄罗斯学校用来培养当地管理机构的下层官吏，同时要求当地上层人物掌握俄语和俄罗斯文化。

第三，苏联时期俄语的普及。如果说沙俄时期俄语的普及仍不明显，仅在某些地区的上层中间得以普及的话，那么，苏联时期，俄语成为苏联境内唯一的官方语言。

语言是文化的一个重要组成部分，继承了沙俄版图的苏联，其中也包括讲俄语但信奉伊斯兰教的中亚地区，就应当属于俄罗斯文明圈，而不是东正教文明圈了。

第四，也是最为重要的一点，俄罗斯东正教也不再是从拜占庭继承过来的“纯粹”的东正教，而是完成了“俄罗斯化”的东正教。

同许多其他古老民族一样，俄罗斯民族在接受东正教之前也信奉多神教。公元 988 年，弗拉基米尔大公把所有罗斯人赶进第聂伯河受洗，接受一神的东正教信仰，但之前的多神教信仰并没有随之被消除，它一直顽固地、隐秘地存在于民众当中。

换言之，这是多神教与东正教相互妥协、彼此融合的双重信仰时期，或东正教化时期。这一时期持续了很长时间，一直到蒙古入侵。

因此，可以说，正是东正教改变甚至创造了俄罗斯民族及其文化，但在东正教教化期间甚至东正教教化结束之后，俄罗斯文化也在改变着东正教，这点从当代俄罗斯东正教与希腊本土、保加利亚、罗马尼亚和塞尔维亚等地的东正教都有很大的不同也可以看出来。俄罗斯东正教神学形成了许多独特主题，比如聚和性、万物统一等，这都可以被看作东正教俄罗斯化的一种表现。

由此可见，之前人们始终在谈论东正教对于俄罗斯民族文化的影响，但当我们换一种视角重新看待这个问题时就会发现，这种影响必然是双向的，俄罗斯民族文化也可以反过来影响东正教。

至于当代俄罗斯，它继承了沙皇俄国和苏联的政治遗产，也在不断重申保有原来势力范围的意愿，如叶利钦在 1993 年苏联解体不久便呼吁外国政府和国际组织有必要“给予俄罗斯在苏联领土上确保和平和稳定的特殊权利”。

加之原有的苏联各加盟共和国在经济上，尤其是国防军事上极大地依赖俄罗斯，俄罗斯也利用这种依赖积极打造独联体，乃至新近提出的“欧亚联盟”。[①]

所有这些举措都说明，当代俄罗斯正在构建新的地缘政治空间，而这个新空间的边界正是苏联乃至沙俄的版图边界，这个边界也应是俄罗斯文化的辐射范围和认同俄罗斯文化的区域，即俄罗斯文明圈的边界，而不仅是东正教文明圈的边界。

需要指出的是，虽然俄罗斯在努力重构当代俄罗斯文明圈，但这个文明圈内部的一些国家在文化认同上却出现了明显的“离心现象”。在 20 世纪 90 年代苏联解体之初，各个新近独立的共和国所选举产生的总统多为亲俄的，但随着各共和国不断发生的颜色革命，政权开始发生转移。

例如，通过“橙色革命”上台的乌克兰前总统尤先科就不断宣扬“我们的乌克兰”，反对俄罗斯过多插手乌克兰事务。波罗的海沿岸三国更是强烈要求民族自治。这些问题在以后的论述中还会提及，在此就暂不赘述。

简言之，我们可以尝试性地对“俄罗斯文明圈”做出界定，这里的“俄罗斯文明圈”概念大体等同于“中华文明圈”概念，其核心仍是东正教，但也包括俄罗斯的语言、文学、艺术、社会治理方式、习俗等，所有这些文化要素的扩张和辐射范围构成了俄罗斯文明圈的势力范围，因此，所谓“俄罗斯文明圈”或许可以将其定义为“东正教、俄语、俄罗斯的文学艺术、社会治理方式、习俗等各种文化要素所影响和辐射的区域及生活在这个区域中的人类群体”。

这种界定方式的合理性似乎在苏联解体问题上表现得尤为突出。众所周知，苏联宣扬无神论，在它统治的近 70 年间东正教会遭到前所未有的重大破坏，但俄语是苏联的官方语言，俄罗斯文学、艺术等也曾在苏联境内获得最为广泛的传播。如果以东正教文明圈来命名苏联所辖范围显然不够准确，而使用俄罗斯文明圈则会更为客观合理，也更适合我们重构俄罗斯历史。

综上所述，虽然东正教是俄罗斯文明的核心要素，但不可否认的是，在俄罗斯长达千年的历史时期内，生活在俄罗斯文化辐射区域内的各个民族已形成了某种形式的文化认同。这种文化认同在部分地区是以

① “欧亚联盟”的概念是时任俄罗斯总理的普京在 2011 年 10 月 4 日《消息报》上发表的题为《新的欧亚洲一体化方案——今天决定未来》提出的，被视为俄罗斯外交政策变化的一个重要标志。

东正教为基础的，但在某些地区则是以共同的历史或语言等其他文化要素为基础的。

因此，我们认为，使用“俄罗斯文明圈”来取代“东正教文明圈”可以更为客观地描述和命名这个文明，也便于我们从历史的角度讨论与俄罗斯历史相关的各种问题，比如下一节我们将要谈到的文明圈建构史。

## 第二节　俄罗斯文明圈的两阶段建构史

尽管我们在上一小节中详细地对“俄罗斯文明圈”和“东正教文明圈”这两个概念进行了区分性界定，但当我们谈及俄罗斯文明圈的建构历史时却又不得不重新返回到东正教乃至基督教的传播史上来。

东西教会的分裂发生在 1054 年，但实际上，东西方在教义上的分歧早在使徒时代就已经开始了。“罗马帝国本土上的教会与希腊及其周围领土上的教会之间由于地域和民族方面的差异导致教会之间在许多问题上意见不一致。”①

西部教会利用自己的各种优势迅速在西方各民族中传播基督教，但东部教会在传教方面却远不如西部教会那么积极。直到 9 世纪，东正教才走出希腊本土，传播到巴尔干半岛。但“988 年东正教引进俄罗斯，这是东正教传教史上最伟大和最成功的一次行动”。② 它开启了俄罗斯文明圈长达千年的建构史。

本节主要描述俄罗斯文明圈的两阶段建构史：第一阶段从罗斯受洗开始到统一的俄罗斯国家的建立为止；第二阶段则从 16 世纪伊凡四世自称沙皇直至 1917 年十月革命为止。

尽管“文明圈”或“俄罗斯文明圈”概念可能引起某些误解或争论，但我们仍希望借用“文明圈”的概念对俄罗斯历史进行重新梳理，并将其视为一种理论上的探索与尝试。

① 张百春：《当代俄罗斯东正教神学思想》，上海三联书店，2000 年版，第 8 页。
② 张百春：《当代俄罗斯东正教神学思想》，上海三联书店，2000 年版，第 9 页。

## 一、罗斯[①]受洗：俄罗斯文明圈建构的起点

如果借用“文明圈”的概念对俄罗斯历史进行再解读，那么，我们认为，俄罗斯文明圈的形成大体上是分为两阶段完成的。第一阶段肇始于988年基辅罗斯的弗拉基米尔大公接受东正教，直至16世纪伊凡雷帝[②]加冕为沙皇为止。

与几乎所有前现代社会一样，俄罗斯在受洗之前分裂为众多的小公国，并表现为一个多神教、拜物教乃至巫术并存的较为原始的社会形态。他们崇拜大自然、相信万物有灵并进行祖先崇拜。

由于不同公国信奉不同的神明，崇拜不同的图腾，这就极大地妨碍了统一俄罗斯国家的形成，因此，在10世纪末期时，当时较大的基辅公国的弗拉基米尔大公开始考虑引入一种外来宗教作为俄罗斯民族的统一宗教，关于弗拉基米尔大公为何最终选择了东正教，一种普遍的说法是这样的：

“弗拉基米尔痛感全国需要统一的宗教。为此他与众臣商议并派人到国外了解。他还亲自与几个大教的代表交谈。东方的哈扎尔人劝他皈依犹太教，大公问他们：为什么犹太人会被从耶路撒冷赶出来？哈扎尔人说：因为犹太人犯罪，受到上帝惩罚。大公拒绝了犹太教。东方另一民族保加尔人劝他信奉伊斯兰教，但说入教后不许喝酒，弗拉基米尔知道：喝酒是罗斯人的享受，我们不喝酒就活不下去。于是没有接受伊斯兰教。基督教西部教会要求他入教后服从教会首脑，自然得不到他的好感。他的代表到了君士坦丁堡后，见到东部教会举行的极为隆重的崇拜仪式，看见了金碧辉煌的圣索菲亚大教堂，一个个五体投地，说自己感到宛如置身天国。他们劝说大公选择拜占庭式的基督教。”

当然，这种记录历史的方式难免有主观臆想成分较多之嫌，事实上，

---

① 罗斯又称古罗斯或基辅罗斯，它是俄罗斯第一个公国。历史的吊诡之处或许正在于，基辅作为现代乌克兰民族国家的首都却曾是俄罗斯文明的发祥地，而现下俄联邦与乌克兰的紧张关系似乎很难让人想到两者在历史上的这段重要时期。

② 伊凡四世（1530~1584）在1533~1547年为莫斯科公国大公，1547年他自称为“沙皇”，成为俄国历史上第一位沙皇。在其统治期间，实现了俄罗斯的统一，建立了中央集权的专制制度，俄罗斯成为了沙皇俄国。

古罗斯的祖先斯拉夫人很久以前就曾对基督教有了比较清醒的认识。在公元 1 世纪时，黑海北岸的克里木一带就有许多基督徒。

斯拉夫人对基督教的更多认识则是通过斯拉夫启蒙思想家、斯拉夫字母创造者希腊人基里尔和梅福吉实现的。他们本是公元 9 世纪时的希腊贵族，但甘愿脱离尘世。在与斯拉夫战俘的交往中学会了斯拉夫语，被拜占庭皇帝派去为斯拉夫人进行传教。但他们在那时就意识到，在没有书面资料的情况下对那些不识字的人传教是很难有所成效的，正是基于传教的考量，两人发明了斯拉夫字母表，这就是著名的《斯拉夫语字母表》，它是教会斯拉夫文的基础，也是现代俄语字母表的雏形。

但无论罗斯选择东正教的原因和过程如何，弗拉基米尔大公本人是在 987 年接受了洗礼。为了进一步加强基辅公国与拜占庭帝国的友好关系，大公决定迎娶拜占庭公主安娜为妻。于是，988 年弗拉基米尔大公下令把所有罗斯人赶入第聂伯河受洗，是为“罗斯受洗”。尽管如此，基辅罗斯仍经历了相当长一段时间双重宗教并存的时期。许多异教徒拒绝洗礼，甚至殴打神父。但迫于政权的压力，绝大多数罗斯人还是从形式上接受了东正教，成为了基督徒。这点我们在前面也已提及。

那么，我们为什么要把罗斯受洗视为俄罗斯文明圈建构的起点，其原因主要包括以下几点：

第一，“文明”是与“野蛮”相对的，而人类摆脱野蛮状态、进入文明世界是需要某种象征和标志的。古罗斯皈依当时先进的基督教便可视为摆脱野蛮状态、加入文明世界的标志性事件。

第二，进一步来说，通过受洗，俄罗斯成为“基督教世界”的一部分，具体而言更是拜占庭帝国的亲密盟友，这对于俄罗斯学习当时昌盛一时的拜占庭文明是相当重要的。

基辅罗斯在政治体制、经济社会结构以及文学、文化等层面上都受到了拜占庭帝国相当大的影响。这使得罗斯与当时北欧的一些民族相比（如挪威等），更加文明和昌盛。

第三，正是在获得了基督教国家身份的基础之上，在拜占庭帝国灭亡之后，俄罗斯才出现了“莫斯科—第三罗马”学说。

这一学说与俄罗斯民族与生俱来的弥赛亚意识一起成为了自主性的“俄罗斯意识”的重要基础和核心，而“俄罗斯意识”后来成为俄罗斯文明圈重要的精神基础，关于这个问题我们将在第四章中进行详细讨论。

总之，自罗斯受洗开始，俄罗斯文明圈开始了第一阶段的建构过程。拥有了统一宗教的古罗斯也迅速开启了统一进程，因此，可以说，这次文明圈的建构与俄罗斯统一国家的建立在时间上是平行的。

## 二、建立统一的俄罗斯国家：俄罗斯文明圈建构的第一阶段

正如上文所述，俄罗斯文明圈第一阶段的建构与俄罗斯统一国家的建立在时间上是平行的，但如果从东正教文明史的角度来看，这个建构过程又可以进一步分为两个阶段：第一阶段是从 988 年罗斯受洗到 1453 年君士坦丁堡的沦陷；第二阶段则从君士坦丁堡陷落到 16 世纪伊凡四世自称沙皇，沙皇俄国从此诞生。

在第一阶段，俄罗斯相对于当时文明昌盛的拜占庭帝国而言，仍是东正教文明世界的边缘国家。但 15 世纪中期拜占庭帝国被灭，而俄罗斯各公国却在此时逐渐从分裂割据走向统一，东正教文明的中心也逐渐东移到了莫斯科。

到了 16 世纪时，莫斯科不仅成为沙皇俄国的中心，也成为东正教文明的中心。换言之，俄罗斯在东正教世界中的位置发生了戏剧性的变化，由边缘走向了中心。“由边缘走向中心”在俄罗斯历史上发生了不止一次，并且构成了萦绕俄罗斯民族始终的夙愿。

这次夙愿得偿与俄罗斯民族建立起一个统一而强大的封建君主国家有着紧密的联系，而这个统一的俄罗斯国家的建立，又经过了以下几个重要的历史节点：

第一个历史节点是**基辅罗斯公国的灭亡**。基辅罗斯公国作为俄罗斯的第一个公国，在“罗斯受洗”之后，曾有过一段辉煌的鼎盛时期，但争夺王位继承权的战争使它迅速衰落下去，并于 13 世纪蒙古入侵时最终走向灭亡。

第二个历史节点是蒙古人统治期间**诺夫哥罗德公国的兴起**。基辅罗斯政权衰落之后，诺夫哥罗德成为俄罗斯北部的政治、经济中心，也是最重要的公国之一。它占据的重要地理位置（它位于罗斯的西北部）使得它在整个俄罗斯历史进程中发挥了极其特殊的作用。

在 13~15 世纪，罗斯不仅要面对蒙古人的残酷统治，还受到了来自欧

洲人，特别是瑞典和条顿骑士团[①]的武装威胁，因此，诺夫哥罗德既成为抵抗欧洲侵略的前沿阵地，也为保护罗斯土地免遭蒙古人的践踏发挥了积极的作用。

这种双重的历史作用在伟大的诺夫哥罗德大公亚历山大·涅夫斯基（1219~1263）身上表现得尤为突出。这位大公的名字本身就彪炳了他的历史功绩之一（亚历山大·涅夫斯基的意思是“在涅瓦河畔的亚历山大”）。1240 年左右，亚历山大曾在涅瓦河畔大败瑞典军队并因此得名。

另外，虽然蒙古人并没有到达诺夫哥罗德，但亚历山大却与其他大公一起臣服于蒙古大汗，并赢得了大汗的信任，成为了全罗斯的大公，使罗斯土地免遭蒙古铁蹄的践踏。

第三个历史节点是**莫斯科公国的崛起**。据史料记载，莫斯科公国在 12 世纪中叶之前仍是一个名不见经传的小公国，但与诺夫哥罗德政权不同的是，它联合罗斯其他公国反抗蒙古人的统治，并在这场斗争中逐渐确立了自己的权威和统治地位。15 世纪时，诺夫哥罗德政权不断衰落下去，并于 1478 年在真正意义上[②]并入莫斯科公国。

换言之，莫斯科公国的崛起是在反抗蒙古人的统治过程中逐渐实现的。关于这点俄罗斯著名的历史学家克柳切夫斯基曾经这样写道：“我们可以想象一下罗斯北部的人民对莫斯科公国及其公爵的态度：其一，资历较深的莫斯科大公越来越被认为是模范的统治者和管理者，是和平和秩序的建立者，莫斯科公国被看作一套新的社会关系的起点，是在更大范围内实现国内和外部安全的努力的第一个成果。其二，资历较深的莫斯科大公越来越被看作罗斯人民抵抗外侮事业的领导者，莫斯科被看作在抗击立陶宛异教徒和野蛮的茹毛饮血的蒙古人的斗争中赖以取得第一次深得人心的胜利的工具。其三，北部罗斯已习惯将莫斯科大公看作罗斯教会的长子、罗斯大主教最亲密的朋友和合作者；他们开始将莫斯科看作得到罗斯土地上最伟大的圣徒庇佑的特殊城市，在它身上维系着所有信奉东正教的罗斯人的宗教和道德利益。”

---

① 条顿骑士团成立于公元 1192 年，是三大骑士团（另外两个骑士团分别是医院骑士团和圣殿骑士团）的最后一个，主要由德意志人组成。他们效忠于神圣罗马皇帝，以捍卫罗马天主教为名进行侵略活动。

② 1471 年，诺夫哥罗德大公曾向伊凡三世投降，但不久便出现了反抗迹象。直到 1478 年，莫斯科公国严厉地镇压了所有反抗者，诺夫哥罗德才有机地融入莫斯科公国之中。

不难理解的是，当一个民族遭受外族入侵时，率先举起反抗大旗的势必获得道义上的支持和响应，至于它是否“资历较深”、“统治有方”或“宗教庇佑”都可能是使统治合法化的手段。

但无论出于何种原因，莫斯科公国在16世纪时统一了俄罗斯，建立了中央集权的国家，伊凡四世加冕为沙皇。由此，俄罗斯文明圈第一阶段的建构过程以俄罗斯实现统一的形式而完结。与此同时，它的第二阶段建构史也由此开始。

## 三、俄罗斯帝国的建立：俄罗斯文明圈建构的第二阶段

如上文所述，俄罗斯文明圈的第二次建构开始于16世纪统一的俄罗斯国家的建立，直至1917年十月革命为止。这是俄罗斯帝国开疆扩土、对外扩张的阶段，也是俄罗斯文明圈不断延展其影响范围的阶段，尤其是进入19世纪以来，俄罗斯的对外扩张更是达到了高潮，一个横跨欧亚大陆的沙皇帝国逐渐形成。也正是在这一时期，远东、东西伯利亚、中亚、高加索等地区才开始成为俄罗斯的边界。

正如第一节中所述，俄罗斯文明圈的边界应是俄罗斯文化的辐射范围，而逐渐扩大的沙俄帝国版图与俄罗斯文明圈所覆盖的区域也是基本吻合的。这主要是由于沙俄政府在对外进行领土扩张的同时也不忘推行“俄罗斯化”，除向这些地方大量移民外，也规劝当地原住民皈依东正教、学习俄语、了解俄罗斯民族的习俗与文化。

但这些被征服的民族常会不满于沙俄的殖民统治，民族矛盾异常激烈，在西伯利亚、中亚、高加索等地都多次爆发过民族起义。这也成为俄罗斯知识分子积极构建俄罗斯文明圈新的认同模式的必要前提。20世纪初的欧亚主义即是这样一种尝试，关于这个问题，我们在第五章中将会详细讨论。

在俄罗斯文明圈第二阶段的建构过程中，西方主义或欧洲主义无疑是最为重要的发展趋势和基本脉络。这当然与西方文明圈的崛起相关，又是一直延续到十月革命时期俄罗斯历史的基本走势。

在1640年英国发生工业革命之前，欧洲的东部和西部之间的差异仍不是本质上的。欧洲社会都处在封建制度之下。但工业革命发生后，西欧

的经济社会结构开始发生深刻变化，旧有的封建体制开始崩溃，新的资本主义体制开始建立起来。

相比之下，17 世纪的俄罗斯仍是一个封建君主制国家。落后的农奴制仍根深蒂固，沙皇的专政制度在不断加强，这些都极大地阻碍了资本主义的发展。因此，在 17 世纪末期时，俄罗斯与欧洲的区别已经是本质上的了。

面对西欧资本主义的迅猛发展，俄罗斯的执政群体已经不能再无动于衷、故作镇定。从这个意义上来说，彼得大帝的出现以及其后所推行的改革是历史和社会发展的必然选择，也延续了俄罗斯自 16 世纪以来的欧洲主义（或西方主义）传统。

蒙古人在俄罗斯的统治被推翻后，欧洲与俄罗斯的隔绝也随之消解，俄罗斯开始尝试着融入欧洲社会。伊凡四世执政期间，曾派遣年轻人到德国去学习近代科学知识。在鲍里斯·戈杜诺夫执政期间也曾派遣 18 个俄国青年前往欧洲学习，但没有一位在学成后归国；他还试图把女儿嫁到西方。“混乱时期”让许多年轻贵族更加向往欧洲文化，厌恶俄国的现实，他们就成为俄国文学史上重要的文学形象“多余人”的原型；在伪德米特里一世时代俄罗斯又曾大搞亲波兰政策，这种亲波兰热在整个 17 世纪一直存在。

18 世纪彼得改革是俄罗斯历史上的重大转折点，彼得大帝也因此被视为近代俄罗斯的普罗米修斯，把现代文明的火种带给了俄罗斯，他通过自上而下推行的强制文明计划把俄罗斯从中世纪推进到了新时代。

彼得大帝相信，只有文明可以结束俄罗斯人愚昧无知的状态。这种文明的根源在欧洲。为了更接近欧洲以便接受西方文明的影响，彼得大帝下令在波罗的海附近建造一座新城。这就是建成于 1703 年的圣彼得堡。彼得大帝随后迁都于此，圣彼得堡也在此后的 200 年间一直作为俄罗斯帝国的首都。建都圣彼得堡是俄罗斯“西方转向”的突出标志和典型象征。

总之，在俄罗斯文明圈第二阶段的建构过程中，特别是从彼得改革之后直到苏维埃政权的建立，俄罗斯始终在沿着西方主义的道路前行。在俄帝国开疆辟土与推行“俄罗斯化”的同时，也把西方文明带到了它的新领土上，其中也包括 19 世纪被俄罗斯征服的中亚地区。所以，在俄罗斯文明圈建构的第二阶段过程中也包含着引起它解构的因子，这是我们将在下一节中讨论的问题。

# 第三节　俄罗斯文明圈的建构—解构双向运动

正如上文所述，俄罗斯文明圈第二阶段的建构史是以欧洲主义或西方主义为主线进行的，也即大量的西方文化要素因此进入到俄罗斯文明圈中来。正是这些要素构成了俄罗斯文明圈解构的主要因子。

事实上，俄罗斯文明圈建构和解构的过程并不是完全平行和孤立的，而是形成了一种独特的互动模式：在建构的同时也在经历着解构，在解构的过程中也发生着建构。

## 一、西方文明圈的崛起

谈到俄罗斯文明圈的解构，不得不从西方文明圈的崛起说起。自1600年以降，西方文明因其现代化进程的先发优势开始了长达300多年的扩张时期。许多传统意义上的文明圈逐渐在它的“单向”作用和影响之下出现了“分裂”[①]危机。

俄罗斯作为欧洲的近邻，早在17世纪下半期就曾出现过“早期斯拉夫派与西方派之争”；[②]18世纪彼得大帝的“西方转向”更进一步加剧了这种危机，使俄罗斯成为了一个“无所适从的国家”（亨廷顿语）。

这种“无所适从”在19世纪中期斯拉夫派与西方派的论战中表现得尤为突出，自此西方—斯拉夫主义的两重性就成为了“俄罗斯民族特征中一个不可分割的特点”。[③]关于“分裂”问题，我们将在第四章中详细探讨，

① 这里所说的“分裂”是指如果按照黑格尔在《精神现象学》中对“分裂意识”的界定，后发民族在面对强大的他者“西方”时也会遇到“认同自我还是他者”的两难境地，关于这点可参见《俄罗斯意识的建构特征——再看斯拉夫派与西方派的争论》一文。

② 早期西方派的主要代表人物是奥尔金—纳肖金和科托希欣。他们憎恨浸透着东正教的俄国传统，向往西方的社会建构模式，因此，他们是社会变革的积极拥护者和主要推动者。早期斯拉夫派是一批排他性很强的知识分子团体，主要代表人物是保守主义者克利扎尼奇。他们固守俄国传统，排斥西方文化的各个方面，反对任何形式的社会变革。

③［美］塞缪尔·亨廷顿：《文明的冲突与世界秩序的重建》，周琪等译，新华出版社，2012年版，第124页。

在此不再赘述。

关于西方文明圈崛起的原因众说纷纭，但大多数学者都同意以下几个基本观点：

第一，在精神层面上，西方社会经过文艺复兴和宗教改革，这就意味着经历了一场深刻和根本的**思想变革**。

这种思想变革在当时的世界范围内是独一无二的。俄罗斯所代表的东正教世界虽然紧邻欧洲，但因蒙古人的统治使得其与西方的联系中断了250年的时间，因此，俄罗斯受到文艺复兴和宗教改革的影响较小。

至于当时的儒家世界和伊斯兰世界则都处于相当稳定和繁荣的时期。这种“稳定”在另一种意义上就意味着僵化和不求变革。这就是为什么曾经如此繁荣与强大的中国会在19世纪被西方列强轰开大门、饱受战乱之苦的根本原因之一。因此可以说，正是西方所经历的这场思想变革为其文明圈的迅速崛起和扩张提供了内在的精神基础。

第二，西方在经历了文艺复兴和宗教改革后，逐步摆脱了宗教蒙昧主义和教条主义，懂得了**尊重知识和科学**，特别是自然科学，如天文学、地理学等。此时的伊斯兰教和儒教世界却对基督教异教徒的这套所谓的科学知识嗤之以鼻，在两者之间形成了一道知识铁幕。

正因为如此，葡萄牙人利用中国人发明的罗盘在15世纪末率先开辟了新的航路，大大扩展了欧洲人的世界范围。相比之下，虽然在15世纪初，明朝的郑和就曾七次下西洋，但其活动的范围却只局限于东南亚和南亚地区，[①] 而且有学者认为，郑和下西洋主要是出于扩大中华帝国在周边地区影响力的政治目的，因此，并没有给中国带来丰厚的物质回报，也就未能刺激当时中国改善生产技术，改进生产方式。直到明代中后期及清朝时期，随着中国国力的不断下降，就再未出现过类似大规模的航海活动了。

与之相反，西方人早期的航海活动却为他们带来了巨大的物质财富，这就大大刺激了人们对航海冒险的兴趣。随着新大陆的发现和金矿等矿藏的开掘，西方人通过航海活动积累了大量的物质财富，这为17世纪西方工业革命的发生准备了必要的物质条件。

第三，从文明的性质上来说，西方文明是一种**扩张型文明**。众所周

① 但墨菲在《亚洲史》中曾指出，郑和可能当时已经到达了欧洲和美洲地区。

知，儒教文明等其他古老文明均为自给自足的农业文明，因此，中国、日本等国家并不依赖贸易来获取必需品。

西方与之不同，欧洲的气候条件和地理环境限制了其农业的发展。西方人对中国的丝绸、瓷器和印度的香料等物品的渴求从一开始就是极为强烈的。从丝绸之路时起，东西方贸易中这种不均衡的特点就已形成。

但自西方发生第一次工业革命后，其生产的工业产品数量急剧增加，亟须拓展海外市场。东方各国则长期实行闭关锁国的政策，对西方的工业产品表现得毫无兴趣。更为严重的是，随着欧洲人对精美的中国瓷器和丝绸等物品表现得越来越推崇，大量黄金和白银流入中国。这种贸易逆差的不断增大最终成为 19 世纪鸦片战争爆发的根本原因。

第四，随着西方文明的不断扩张，一种新的人类历史阶段也因此开启，那就是**现代化**阶段。所谓现代化，正如艾恺所言是“一个范围及于社会、经济、政治的过程，其组织与制度的全体朝向以役使自然为目标的系统化的理智运用过程”。[①] 现代化的结果是形成了现代性，即现代社会或国家的基本属性和特征。

现代化历史阶段的一个重要特征是各个民族之间的经济联系较之前现代社会更加密切和全面。经济的这种整合能力使世界上的大多数民族进入到统一的经济体系中来，这已成为一种必然的趋势。

“从德川时代的日本和鄂图曼帝国到苏联、中华人民共和国、缅甸和伊朗，即使拒绝这种全球性的统和，充其量也只能维持一两代；这种社会不是败于更杰出的军事技术，而是被近代自然科学创出炫目的物质世界所魅惑。”[②]

如果按照沃勒斯坦的术语，这种统一的经济体系被称为“世界经济体系”。沃勒斯坦还进一步指出了这个体系的结构特征：“由于一系列偶然因素，如历史的、生态的和地理的，与欧洲其他地区相比，西北欧在 16 世纪就成了这个世界经济体系中的核心地区。东欧和西半球成了边缘地区，专门出口谷物、金银、木材、棉花和食糖——这一切有助于使用奴隶制及将强制的经济作物劳动作为劳动管理方式。欧洲地中海地区成为世界经济

① 艾恺：《世界范围内的反现代化思潮——论文化守成主义》，贵州人民出版社，1991 年版，第 6 页。

② [美] 弗朗西斯·福山：《历史的终结》，黄胜强、许铭原译，远方出版社，1998 年版，第 150 页。

体系的半边缘地区，专门生产高档工业品和进行信贷金融贸易，其结果使分担劳作成为农业区的劳动管理方式，并很少向其他地方出口产品。一个世界经济体系中的三个结构性位置——核心、边缘、半边缘——在大约1640年时已经稳定下来。为什么有些地区处于这个位置而非那个位置，说来话长。关键原因就是各地区的起点不同。”

正是由于西方具有了先发优势，占据了世界经济体系的中心而非边缘的位置，成为了所谓的原发型现代性国家，这更进一步加速了西方文明圈的扩张。其他国家，或“非西方国家”则因其“迟到”而成为了后发型现代性国家。

先发型现代性国家的优势和后发型现代性国家的劣势在日益紧密的经济体系中表现得越来越显著，并由此引发了“西方化与本土化”、“西方与非西方的二元对立”等一系列现代性问题。应该说，西方派与斯拉夫派正是在这种现代性背景下产生的。关于这个问题我们会在第二章中进行更加深入的探讨。

## 二、彼得大帝改革：建构—解构的“双重起点”

如上文所述，彼得大帝改革在俄罗斯文明圈第二阶段建构过程中占有极其特殊的地位，也发挥了决定性的作用。但历史的吊诡之处或许就在于，人类的意愿经常受到嘲弄或忽视，事与愿违恰恰反映了人类在历史面前的束手无策。

众所周知，彼得大帝的改革是通过行政手段自上而下发起的，而不是一种自下而上的自发行为，而当时俄罗斯国内的保守势力依然强大，所以改革受到了抵制。其中最具典型性的反抗性事件是“剃须易服”引起的风波。

俄罗斯男子有蓄须的习惯。那个时代的俄罗斯男人会以一副宽阔而密实的胡须为荣。但彼得大帝却把长胡须视为俄国落后的象征，并颁布诏令，要求全体居民剃须。如果想要保留胡须就必须缴纳重税。同时，他还下令剪短俄国人的长袖子，提倡贵族穿着西式服装。这种强制性改革措施引来了来自各个方面的反抗，其中不仅有贵族的眼泪，还有农民的鲜血。

尽管如此，彼得大帝的激情和意志起了决定性作用，他决心将俄罗斯推进现代化的门槛中去。他的激情源自对文明的热爱。他相信文明的火种必将传递到俄罗斯。

“历史学家们认为古代科学的故乡在希腊，后来科学又转移到了意大利，并在整个欧洲传播。但我们的祖先的愚昧致使科学的传播没有能够超过波兰，尽管波兰人以前也曾和当初所有德国人一样的愚昧无知，而我们至今还是这样的愚昧无知。只是由于统治者的无限努力，他们才最终睁开眼睛，学会了欧洲的知识、艺术和生活方式。我把科学的这种运动与人体的血液循环进行了对比，我认为，科学总有一天会离开英国、法国和德国，转移到我们这里，停留几百年后再回到自己的故乡，回到希腊。”①

因此可以说，彼得大帝改革在整个俄罗斯文明圈第二阶段的历史中是一个转折点。经过彼得大帝的改革，19 世纪初的俄罗斯显然已跻身于欧洲强国之列。俄罗斯文明圈的地理疆域较之 16 世纪也有了很大的扩展。虽然长期以来俄罗斯始终热衷于领土的扩张，但两者之间根本性的变化是随着俄罗斯现代化进程的不断推进，其扩张的方式已由传统的扩张方式向现代性文明的扩张方式转变。

以其征服中亚地区为例：沙俄入侵中亚本是作为彼得大帝制定的夺取出海口计划的一部分，最初也只是在边境地区修建军事要塞，组成堡垒线，如著名的西伯利亚线和奥伦堡线，但随着战线不断向南推进，沙俄政府开始关注如何巩固其在新征服地区的统治，开发当地的能源。在此期间，俄罗斯在中亚修建了铁路，扩大了棉花的种植面积，发展了棉花加工业、采矿业、丝织业等现代工业；兴建了银行，促进了贸易的发展。

正如王治来在《中亚简史》中所说：“沙俄的殖民统治虽然给中亚各族人民带来了深重的灾难，但它作为一个经过彼得大帝改革的欧洲国家，也给中亚带来了资本主义的近代文明。”②

因此，那场曾经引发俄罗斯传统文明圈危机的现代化进程却成为了俄罗斯新一轮文明圈建构的基础和原点。更进一步来说，西方文明正是以俄罗斯为中介向中亚、西伯利亚等地区渗透和蔓延的。

但与此同时，彼得大帝的改革也开启了俄罗斯文明圈第一阶段的解构过程。这种解构最为直观的表现就是莫斯科与彼得堡**“两都分立”**的

① [俄] 基列耶夫斯基：《论欧洲文明的特征及其与俄罗斯文明的关系——给科马罗夫斯基伯爵的信》，张百春译，《世界哲学》，2005 年第 5 期，第 2 页。

② 王治来：《中亚简史》，人民出版社，2010 年 3 月，第 277 页。

状态。

关于彼得堡的建立我们在上文中曾经提到，关于其建立的意义，普希金在《青铜骑士》中如是写道："上天注定我们在这里向欧洲打通一个窗口"；"俄罗斯需要莫斯科，对于彼得堡来说，俄罗斯是需要的。"[①] 它是俄罗斯帝国的首都。

迁都彼得堡的可能意涵很多。第一，它确立了俄罗斯发展方向的"西方转向"。"在东西方两个航道之间犹豫的俄国大船，被彼得大帝这个有力的舵手强行推向西方。"[②]

西方转向确实为俄国带来了物质力量的增长，实现了俄国长久以来富国强兵的理想，这点是毋庸置疑的。正如彼得大帝 1714 年在里加刚下水的船上兴奋说到的那样："兄弟们，30 年以前有谁能够想到，你们俄罗斯人将与我在这里，在波罗的海上造船，穿着德国大衣举行宴会呢？"[③]

第二，迁都彼得堡造成了两个首都并存的局面。正如别林斯基所言，迁都彼得堡使得"俄罗斯一下子有了两个都城——旧的和新的，莫斯科和彼得堡。这种特殊的情势不会不留下或大或小的重要后果。就在彼得堡成长和装潢的时候，莫斯科也按照自己的方式改变了。由于欧洲精神不可避免地对它的渗透，它一方面在整体上保持着古老的停止不动的因素；另一方面，它却变成一座新颖别致的城市，在这个城市中，欧洲精神的特征与亚细亚精神的特征交织在一起，五光十色、飘忽不定地闪耀在人们的眼前"。[④]

作为新都的彼得堡与作为旧都的莫斯科同时存在，它们成为了两种不同文化的象征。通常来说，新都彼得堡是西方外来文化的象征，而旧都莫斯科则象征着俄罗斯的传统文化。这种文化象征赋予它们不同的城市形象。彼得堡无论从外在城市风格到内在气质都是西化的；莫斯科则恰恰相反，它更多地保留了俄罗斯民族的本土文化特征。

新都和旧都文化象征的不同也导致它们聚拢了不同的思想群体。那些相对激进的思想群体通常集中在彼得堡，那些相对保守的思想群体则更愿

---

①《别林斯基选集》第六卷，辛未艾译，上海译文出版社，2006 年版，第 729 页。

② 白晓红：《俄国与西方：俄罗斯观念的历史考察》，《东欧中亚研究》，1999 年第 4 期。

③［俄］基列耶夫斯基：《论欧洲文明的特征及其与俄罗斯文明的关系——给科马罗夫斯基伯爵的信》，张百春译，《世界哲学》，2005 年第 5 期，第 69 页。

④《别林斯基选集》第五卷，辛未艾译，上海译文出版社，2005 年版，第 696 页。

选择莫斯科。

第三，对于某些人而言，彼得堡在一定程度上只是俄罗斯行政和经济生活的中心，俄罗斯文化和精神生活的中心仍然是莫斯科。

霍米雅科夫在《论新与旧》中指出，迁都“这个行动本身并非是公众的意愿”，因此，“彼得堡曾经是也将是唯一一个行政城市，而且可能的是，国家中心的这种分裂对于俄罗斯正常和合理的发展不曾也将不会是没有影响的”。这实际指向的是俄国社会的大分裂状况。

正是因为彼得堡成为了俄罗斯西化的标志和象征，所以那些反对西化、反对一味模仿和复制西方的“斯拉夫派”（从这个称呼最广义的含义上来看）都表达过对彼得堡的厌恶乃至仇恨。阿克萨科夫就曾在 1863 年写信给陀思妥耶夫斯基说：“俄罗斯心灵解放的第一个条件是，它应当用尽全力、竭尽心智地憎恨彼得堡。”

莫斯科是神圣的，彼得堡是撒旦的。一则流传甚广的民间传说甚至因此把彼得大帝描写成敌基督者（Antichrist）。施宾格勒在其《西方的没落》中指出，陀思妥耶夫斯基说过：“彼得堡是世界上最抽象、最不真实的城市。”他虽然出生于这个城市，但是他感觉这城市终有一天会跟晨雾一同消失。

总之，彼得大帝改革一方面强行把俄罗斯推进了现代化的门槛之中，使俄罗斯文明圈的扩张方式发生了根本性变化；另一方面却也为社会大分裂埋下了隐患，可以说，正是从迁都彼得堡和“双都分立”开始，俄国社会大分裂便已经悄然发生了，直到 19 世纪中期斯拉夫派与西方派争论时更是达到顶峰。在这个意义上来说，彼得大帝改革构成了相当具有代表性的建构—解构双起点。

## 三、1812 年卫国战争的悖论：俄罗斯文明圈解构的一个重要标志

如上文所述，拜占庭帝国的陷落使俄罗斯有机会成为东正教世界的中心，并第一次实现了“从边缘走向中心”的历史夙愿。1812 年的卫国战争是俄罗斯又一次从欧洲边缘走向文明世界中心的机会，但与之前成为东正教世界中心有所不同的是，这次经历却远不如之前的荣耀，甚至在某种程度上是一次自尊心受辱的惨痛记忆。

1812 年的卫国战争是反对拿破仑战争的一个组成部分。俄法战争爆发前，拿破仑已经在欧洲大陆取得了空前的军事胜利。为了最终取得世界霸权，拿破仑在 1812 年 6 月渡过聂曼河对俄国不宣而战。

战争初期，俄国军队完全处于劣势，节节败退。无奈之下，亚历山大一世（1801~1825 年在位）起用米·库图佐夫（1745~1813）担任俄国军队总司令。库图佐夫放弃防守莫斯科，而是在莫斯科郊外的波罗金诺村附近设防。在这次战役中法军蒙受重创，并于当年 10 月开始撤退。但由于天气寒冷，加之俄军在战争初期实行的坚壁清野政策，大多数法军死于饥饿与严寒。俄军伏击撤退的法国军队，并乘胜追击直到巴黎。

乘胜追击法军的俄罗斯人第一次真正进入欧洲舞台的中心。在此之前的俄罗斯“仍然是世界生活和欧洲生活的偏远省份，它的精神生活既孤独，又闭塞”，[①] 是战争第一次把俄罗斯深深地卷入到世界生活的中心来。但俄罗斯的进入只是形式上的、外在的进入，并没有进入欧洲精神生活的中心，换言之，俄罗斯的到来并没有在欧洲人的精神生活中留下重要而深刻的痕迹。

当时的西方始终把俄罗斯视为野蛮民族，在自己备受奴役的同时，还在试图奴役其他民族。战争虽然迫使欧洲承认俄国强大的军事力量，但却并不能迫使他们接受俄罗斯的精神力量。俄罗斯可以自认为是欧洲的解放者，但俄罗斯的精神力量却尚未成为欧洲内在生活的动力，欧洲甚至不承认俄罗斯具备任何可以使之服膺和认同的价值观和思想资源。

相比之下，1812 年的卫国战争对俄罗斯的影响却是深远的，主要表现在以下几个方面：

第一，俄国军队战胜拿破仑首先极大地加强了俄国人的民族意识和爱国情绪。但这种民族意识和爱国情绪还不具备斯拉夫主义的性质。它是一个民族遭遇外族侵略时的本能反应，是一种群情激昂的胜利感和进行反击的骄傲意识。

从巴黎回来的俄国军队被视为民族英雄。当时整个俄罗斯都沉浸在庆祝胜利的热烈氛围之中。“这的确是彼得堡时期最辉煌的时刻；人们感觉到自己的力量。这样一种意识产生了新的生命。工作和操心好像都推给明

① ［俄］索洛维约夫等：《俄罗斯思想》，贾泽林译，浙江人民出版社，1999 年版，第 260 页。

天，推到平日，现在人们要在胜利的欢乐中陶醉。”[①] 这种爱国情绪有可能导致狭隘的民族主义出现，但这已是后话。

第二，这场战争一方面中断了亚历山大一世的改革计划，推迟了俄国的现代化进程。亚历山大即位不久，曾经实施了一些自由主义的改革，小范围地解放了农民，并实施了斯彼兰斯基政治改革方案。他也因此博得了开明君主的声誉。当然，亚历山大实施改革部分地受到了法国大革命的影响，甚至包括因恐惧革命而被迫实施的改革。

从另一方面来说，虽然俄国军队最终取得了战争的胜利，但俄罗斯却因此遭到了严重的破坏。尤其是拿破仑攻占莫斯科后不久，整个城市就燃起了大火。拿破仑曾把这种纵火行为称为“汪达尔人的野蛮行径”，是对文化和物质财富的恣意破坏。

第三，虽然俄罗斯人在战争中取得了辉煌胜利，但在俄国军队进入巴黎的那一刻，他们却在精神上遭遇了“滑铁卢”。

当时的欧洲是一个令俄国相形见绌的文明世界。自由与民主的理念在欧洲已经根深蒂固，而俄国仍然是一个农奴制落后国家。这巨大的反差强有力地刺痛了俄国贵族军官的民族自尊心，促使他们通过引入西方的先进理念来改变俄国的社会现状。这种政治诉求最终酿成了十二月党人的起义。[②]

第四，在俄国军队进入巴黎时正是浪漫主义在欧洲风头正劲的时候，这可能是 19 世纪中期俄罗斯思想界对本国历史命运和道路问题产生兴趣的一个重要原因。

正是从 1812 年开始，俄罗斯知识分子开始重新反思俄国在世界历史上的地位和使命。事实上，俄国人从中世纪起就开始思考自己的历史命运，在近代之前，俄国人从未怀疑过自己民族所肩负的人类特殊使命的学说。但与欧洲文明社会形成的巨大反差使他们不得不重新反思自己民族的历史地位和使命。俄罗斯的哲学就是在这种反思历史的过程中觉醒的。

---

①[俄] 赫尔岑:《往事与随想》，巴金、臧仲伦译，人民文学出版社，1993 年版，第 10 页。

②1825 年 12 月 26 日（俄历 12 月 14 日）以巴·彼斯特尔为首的进步青年军官率领 3000 名士兵占领元老院广场（该广场后为纪念这次起义更名为十二月党人广场），发动武装起义，要求建立共和制政体。由于起义发生在俄历十二月，因此起义者被称为“十二月党人”，这次起义被称为“十二月党人起义”。

第五，卫国战争也促进了自由思想的广泛传播，正如屠格涅夫所言："自从俄罗斯军队凯旋归来之日起，自由思想便开始在俄罗斯得到广泛的传播。除了正规军外，大量的民兵也曾经在境外参战。当这些民兵回到祖国之后，他们就开始给当地的百姓讲述他们的欧洲见闻，那里发生的事件之轰动，任何人都是无法用语言来表达的。这真是一种真正的和行之有效的宣传方法。"这也为后来出现的斯拉夫派和西方派争论做了必要的思想准备。

总之，卫国战争使俄罗斯民族具有了胜利者和失败者的双重身份。军事上的胜利远比不上精神上的失败对其影响深远。这种精神上的相形见绌促使其有意识地重新反思俄罗斯在世界经济体系或现代世界中的处境，并逐渐形成了某种明确的"处境意识"。

这种"处境意识"又进一步促使其思索摆脱在世界经济体系中边缘或半边缘地位，成为"中心"的方式。这种"从边缘走向中心"的努力是几乎所有后发型现代性国家的共同诉求，只是在 1812 年的俄罗斯却以这样一种戏剧的方式试演了一次。

## 四、十月革命：解构的终点与建构的起点

通过以上叙述可以看出，西方文明圈的崛起确实对传统的俄罗斯文明圈造成了巨大冲击，甚至于在其内部出现了自发的"西方转向"，西方主义也成为几乎贯穿俄罗斯文明圈第二阶段建构史的主线。

如果我们把彼得大帝的改革视为俄罗斯文明圈解构起点的话，这个过程又可细化为几个不同阶段：

第一阶段可以称为**"俄罗斯的启蒙时期"**，主要是指自彼得大帝到叶卡捷琳娜二世统治的 18 世纪。在这 100 年中，俄罗斯从简单地学习西方技术发展到吸收西方思想。

应该说，"俄罗斯的 18 世纪是一个学习和模仿并取得了优秀成绩的时代。有一种说法认为，彼得大帝在 18 世纪早期引进了西方技术，伊丽莎白女皇在 18 世纪中期将兴趣转向西方的风尚和礼仪，叶卡捷琳娜大帝在 18 世纪最后三分之一的时间里将西方思想带到俄罗斯"。[①]

① [美] 尼古拉·梁赞诺夫斯基、马克·斯坦伯格：《俄罗斯史》，杨晔、卿文辉译，上海人民出版社，2007 年版，第 265 页。

俄罗斯经过 18 世纪的启蒙，可以说是在忽然之间就跨越了经院哲学、文艺复兴和宗教改革的阶段，从神权的和半中世纪的文明过渡到了现代文明的理性时代。这是俄罗斯现代化进程中的关键期。

第二阶段可以称为**“俄罗斯的变革期”**，这主要是指自 1801 年亚历山大一世统治开始到 1861 年农奴制的废除。在这一时期，俄罗斯经历了两次根本性的社会变革。从某种意义上来说，这两次变革甚至比彼得大帝的改革更为彻底。

如上文讨论 1812 年卫国战争时所提到的，第一次变革发生在亚历山大一世统治时期的斯佩兰斯基①（1772~1839）的自由主义改革。

经过 18 世纪的启蒙期后，俄国人特别是接受了教育的俄罗斯上层对西方的自由主义思想更加推崇和支持，这也使得人们越来越不满于当时俄国的现实：19 世纪俄国社会面临的主要问题仍是农奴制、专制制度、行政机构的腐败和低能等。

在这种背景下，亚历山大一世开始了他的自由主义改革计划，尤其是他在斯佩兰斯基的协助之下制定了一系列宪政改革计划，但这些改革计划除创建了国务会议之外，全部未能付诸实施。

与第一次变革相比，第二次变革要更为根本。亚历山大一世去世之后，他的弟弟尼古拉一世继承皇位。与其兄长截然相反，这是一位极端保守的专制君主，上台伊始就曾残酷地镇压了十二月党人的起义。虽然当时的农奴制已经极大地妨碍了俄国资本主义经济的发展，但在尼古拉一世统治时期，沙皇政府没有进行任何废除农奴制的改革举措，直到亚历山大二世（1855~1881 年在位）即位。

19 世纪下半期，随着货币经济和市场竞争的发展，低效率的农奴劳动已不能满足沙俄帝国的经济要求。同时，迫于农民暴动的威胁和持续增长的要求解放农奴的道德压力，1861 年 3 月 3 日，沙皇签署了解放农奴的宣言，亚历山大二世也因此被称为“解放者沙皇”。

尽管废除农奴制无疑是自彼得大帝改革以来最为根本性的改革，但它仍未能根治俄国的社会顽疾，同时，在亚历山大二世之后是拒绝任何社会

---

① 斯佩兰斯基是 19 世纪俄国重要的政治家。他出身于贫困的乡村教师家庭，完全凭借自身的奋斗成为了亚历山大实际上的“首相”（虽然当时还没有这个官职）。他制定了一系列宪政改革的计划，但最终因其遭到贵族的强烈反对而未能实施。

变革和政治变革的时期，这最终导致了后来的二月革命和十月革命。

第三阶段可以称为**“俄罗斯的革命运动期”**，这一时期主要是从19世纪60年代开始一直到1917年十月革命而止。

农奴制的废除为俄国资本主义的迅速发展扫清了道路。俄国的工业化在19世纪八九十年代发展相当迅速，但这也导致了社会关系的紧张。随着俄国工业化的发展，新兴的资产阶级和无产阶级力量在不断壮大，并开始有意识地提出自己的政治诉求。19世纪末期的大饥荒、20世纪初的第一次世界大战更进一步加重了社会危机。

因此，正如伊萨克·斯坦伯格所言，“20世纪前夕的俄国，没有一个词像‘革命’一样更为俄国人着迷。有产者对革命的思想充满了恐惧和仇恨，而向往自由的人却对它充满了热爱和推崇。对那些渴望新生活的俄国人来说，‘革命’一词充满了魔力。当他们憧憬‘革命’和高呼‘革命万岁’的神圣口号时，俄国人仿佛隐约地感到他们已经走在通往自由的道路上了”。

十月革命终结了罗曼诺夫王朝长达300多年的统治（1613~1917），也终结了自彼得大帝开始的俄罗斯文明圈解构过程。与此同时，它象征的是一个新的开始，是结束封建专制统治、走向共产主义时代的标志性事件。

究竟应该如何评价十月革命，这在苏联解体前后曾经是个引发热议的问题。从1987年到1991年，苏联展开了针对十月革命的广泛和猛烈攻击，当时的报纸、电台和电视台等媒体中充满着对十月革命各种肤浅的偏见，但正如习近平总书记所指出的，“20世纪初，列宁把马克思主义基本原理同俄国具体实际相结合，创造性地提出社会主义可能在一国或数国首先取得胜利的理论，领导十月革命取得成功，建立了世界上第一个社会主义国家，使社会主义实现了从理论到实践的伟大飞跃”。①

从马克思主义哲学的视角出发，十月革命是“俄国社会内在矛盾发展合乎逻辑的结果”。20世纪初俄国社会发展要求尽快改变落后状态，融入世界现代化潮流，生产力的发展也要求社会生产关系作相应改变。但沙皇专制制度严重阻碍了俄国现代化的历史进程，资产阶级也无法解决社会经济和民族矛盾。布尔什维克党顺乎形势发动了十月社会主义革命并取得成功，是俄国社会内在矛盾发展合乎逻辑的结果，并为俄罗斯通向社会现代

① 摘自《习近平总书记系列重要讲话读本》，《人民日报》，2014年10月13日。

化奠定了坚实基础。

十月革命胜利后，苏联在社会主义现代化建设方面取得了令人瞩目的成就。工业化、农业集体化使俄国一举成为世界工业强国；“文化革命”的开展使苏联在科技、教育、文化等诸多领域的落后面貌得到根本改善；普遍就业、免费教育、免费医疗以及实际上的免费住宅、休假制度及其社会保障制度的建立，确切证明了苏联社会现代化发展的巨大成就。

因此，十月革命是俄罗斯文明圈在西方文明圈影响下经历解构的终点，更是一个全新的共产主义时代的开端，由于苏联时期与本书讨论的主题并不直接相关，因此，我们在此并不赘言。

## 本章小结

在本章中我们主要围绕俄罗斯文明圈的概念及其建构—解构运动进行了简单的探讨。通过以上讨论可以看出：第一，俄罗斯文明圈在历史上经历了两次较大的建构和解构过程；第二，每一次建构的终点都成为了下一次解构的起点，即在建构的同时包含着解构的因子，这是一个建构—解构双向运动的过程；第三，正是在这种双向运动中，俄罗斯文明圈始终处于“尚未完成的”状态，始终在建构中，因此，俄罗斯民族的自我意识也始终在建构中、想象中、塑造中。

# 第二章　分裂的肇始：19 世纪上半期斯拉夫派与西方派之争

达朗贝尔在他的《哲学原理》的开篇指出，15 世纪中期开始文艺复兴；16 世纪中期开始宗教改革；17 世纪中期笛卡尔哲学原理开始确立；18 世纪中期开始启蒙运动，这些都是人类思想史上的关键性事件。以赛亚·柏林则把 19 世纪中期发生在俄罗斯斯拉夫派与西方派之间的历史争论同样视为人类思想史上的关键性事件。

“这些早期俄国知识分子创造了某种注定在全世界产生社会与政治后果的东西。以俄国大革命为这股运动最大的一个效果，我想是公平之论。贯穿 19 世纪与 20 世纪初期，而在 1917 年达到最后高潮的那种言论与行动，其基本道德基调都是由这些反叛的早期俄国知识分子奠定的。”①

19 世纪上半期的斯拉夫派与西方派争论是发生在俄罗斯文明圈第二阶段建构和第一阶段解构的双向运动中的一件影响深远的思想变革事件，它所首次命名的“俄罗斯分裂意识”成为几乎所有后发型现代性国家所普遍具有的焦虑意识。斯拉夫主义所代表的自主性精神传统的影响也一直延续至今，关于这些问题我们将在后面的章节中进行详细讨论，本章将主要介绍两派争论的基本情况和主要观点。

## 第一节　恰达耶夫与《哲学书简》：论战的开端

19 世纪 30~60 年代是俄罗斯历史上的重要节点之一。俄罗斯思想界在“军棍沙皇”尼古拉一世统治的十年沉寂期后全面复苏，精神文化进入

① ［英］以赛亚·柏林：《俄国思想家》，彭淮栋译，译林出版社，2000 年版，第 142 页。

了活跃的探索期、激烈的论争期和丰富的出产期。

在经历了 19 世纪中叶这个活跃探索期和激烈论争期后，俄罗斯在诗歌、文学、音乐、舞蹈、绘画和建筑等各方面都出产了大量既具有世界水平又具有强烈俄罗斯味道的精神文化作品，出产了许多世界级的“大师”。因此，19 世纪中期的思想史是俄罗斯思想史上的重要篇章。斯拉夫派和西方派的争论又是这段思想史上的闪光点。

斯拉夫派与西方派争论的导火索是在 1836 年《望远镜》杂志上发表的一篇题为《哲学书简》的文章。这是写给一位女士的书信，没有署名，并且在脚注中标明，它是一个俄国人用法文写成的。赫尔岑将这封信的基本思想概括为：**罗斯的以往是一片空白，它的现状则令人无法忍受，而它的未来根本看不清楚**。

这个俄国人就是我们所熟知的普希金的《致恰达耶夫》中的主人公、俄国诗人彼得·雅可夫列维奇·恰达耶夫（1794~1856），文中提到的这封信是他于 1828~1831 年完成的八封哲学书信中的第一封。其他哲学书信只在作者去世后得以公开发表，但在此期间很多活跃在俄罗斯思想界的知识分子通过作者本人已经阅读了这些书信。

这封书信一经发表就在社会上引起了轩然大波。赫尔岑曾如是描写过这封书信发表时所引起的震撼：“在《聪明误》之后，还没有一部文学作品能产生如此强烈的影响”，“它的力量就这么大，语言就能起到如此振聋发聩的作用……”[①] 于是，沙皇尼古拉一世甚至宣布恰达耶夫为疯子，禁止他发表任何文章。但在此之后，他又写下了《一个疯子的辩护》。这同样是一篇十分出色的作品。

那么，究竟他写了什么，会带来如此强大的思想冲击波呢？原因可能包括以下几个方面：

第一，《哲学书简》发表时俄罗斯思想界是沉寂的、备受压制的，在这种特殊的思想和舆论环境下，一部见解独特、思想深刻的作品势必会引起轩然大波。

当时的沙皇是尼古拉一世，他即位时发生的十二月党人起义使其坚定了与革命斗争到底的决心，并为之实施了相当严酷的镇压和高压统治，并实行了严格的书刊检查制度，迫于流放和死刑的威胁，俄罗斯思

① [俄] 赫尔岑：《往事与随想》，巴金、臧仲伦译，人民文学出版社，1993 年版，第 520 页。

想界沉默了。

正是在思想压制的临界点，恰达耶夫的《哲学书简》发表了，俄罗斯人迎来了复苏的黎明。“最后来了一个人，他按照自己的想法说出了这些话。他的话句句沉痛，没有一点光明，他的观点也没有一线光明。这就是彼得·雅可夫列维奇·恰达耶夫的《哲学书简》，它是毫不留情的痛苦的呼声。”[①] 正是恰达耶夫，这位莫斯科社交圈中的“精神孤独者”发出了“高贵的失望的呐喊”，惊醒了沉默的俄罗斯思想界。

正如赫尔岑所说，“恰达耶夫的《哲学书简》就像某种最后的结论，一条界线。这是在黑夜中发出的一声枪响；也许是什么东西沉没了，在宣告自己的灭亡，也许这是发出一个信号，在呼救，在黎明即将来临，或者再不会有黎明了——反正，必须清醒了”。[②]

第二，《哲学书简》的震撼力还源自恰达耶夫借此向当时的俄国社会发出的超常规挑战。首先，他批判了狭隘的爱国主义，指出盲目地热爱祖国是有害的，只有经过热爱真理才能实现真正意义上的爱国。

“爱祖国——这是壮丽的事情，然而还有更壮丽的事情，你就是爱真理”，“不是经过祖国，而是经过真理走上通天之路”，“我还没有学会闭上眼睛、低下脑袋、合上嘴巴来热爱祖国”，“我热爱祖国，但要像彼得大帝那样去热爱它”……这是一种超越了狭隘的民族情感的真理式爱国。

其次，他在这封信中表达了对俄国历史的极端否定和批判态度：他认为每个民族都有自己的青春期，“可我们却完全没有这个时期。首先是野蛮的不开化，然后是愚蠢的蒙昧，接下来是残暴的、凌辱的异族统治。这一统治方式后来又为我们本民族的当权者所继承了——这便是我们的青春的可悲的历史”[③]。

他还说，“我们不是人类大家庭中的成员，我们既不属于西方，也不属于东方。我们既没有西方的传统，也没有东方的传统”，“我们是如此奇怪地行走在时间之中，当我们每走一步，过去的时刻就消失不见了。这些都是以外来的和模仿的东西为基础的文化的自然结果”，“我们属于这样的

---

① [苏] 涅奇金娜：《十二月党人》，黄其才、贺安保译，商务印书馆，1989 年版，第 149–150 页。

② [俄] 赫尔岑：《往事与随想》，巴金、臧仲伦译，人民文学出版社，1993 年版，第 520 页。

③ 孙坚：《冲突与融合——解析俄国的西方派和斯拉夫派之争》，《新学术》，2009 年第 1 期，第 169 页。

民族：它的存在仅仅是为世界提供某种重要的教训”。

第三，虽然从表面看来，恰达耶夫对俄罗斯历史表现出极端的否定和批判态度是很难理解的，但实际上它是有一定根源的。首先，恰达耶夫可能受到了黑格尔对俄罗斯历史所做评价的影响。黑格尔曾轻蔑地把斯拉夫人看作“没有历史的”民族，并且认为他们在人类精神的发展过程中没有做出任何贡献。这与恰达耶夫对俄罗斯历史的评价惊人的相似。

其次，最为重要的一点可能是恰达耶夫对俄罗斯未来的预期与当时现状之间的巨大差异，这可能是构成他如此极端地评价俄罗斯历史的根本动机。

恰达耶夫曾是一个坚定的民族救世主说的拥护者，相信俄罗斯是在尘世上建立人间天堂的领导者。但俄罗斯的现状却是令人绝望的。他认为，“我们具有极大的优势，由于这种优势，我们只应当听从文明的理智和自觉的意志的声音”。但当时的俄罗斯却是“理智荒漠”。

“理智荒漠”是恰达耶夫在给谢林的信中所使用的表达。他写道：“我被遗弃在自己国家的理智荒漠中，我犹豫很久，只有我一个人用尽自己的力量在做这项工作，还是我至少拥有哪怕是很少的志同道合的人，他们散落在各个角落……”让恰达耶夫感到极端失望的是，一个可以充当其他民族救世主的民族却是愚昧落后的。

因此，恰达耶夫极端否定俄国的历史可能出于这样一种考虑：希望通过刺痛俄罗斯人的民族自尊心以使其记起自己的天职和使命，摆脱愚昧落后的现状，进而在未来发挥自己的潜能。

进一步来说，他在否定俄罗斯历史背后的潜台词可能是：黑格尔区分出历史和非历史的民族并非完全合理，与其说是历史的和非历史的民族，毋宁说是没悟出天启意图的民族和对天启的召唤置之不理的民族。

正因为当时的俄罗斯既未意识到自己的使命，也无力完成这个使命，因此，恰达耶夫是忧郁的。“恰达耶夫愁容满面和独立不羁的身影，在莫斯科上流社会的暗淡沉闷的背景上显得十分突出，像是对它的某种悲哀的谴责。十年来，他一直抱着双臂，站在某处，在圆柱旁，在林荫道的大树下，在大厅和剧场里，在俱乐部——他就像否定的化身，像活的抗议，冷眼望着在他周围像走马灯似的无意义熙来攘往的人群，他逐渐变得喜怒无常，变成一个怪物，与上流社会格格不入。”①

这是典型的俄罗斯人的形象。俄罗斯人忧郁的症结也许正是在于，他们始终相信自己是世界其他民族的救世主，但他们的拯救力量却始终处于潜在状态而从未成为现实力量。这是困扰着俄罗斯人的幽灵，也是困扰着恰达耶夫的幽灵。

总之，恰达耶夫这位在我国国内因普希金的《致恰达耶夫》而闻名遐迩的俄国诗人，在历史上却有另一种形象，他内心渴望自由，渴望真理，渴望俄罗斯实现它伟大而神圣的使命。

但现实中的俄罗斯却是落后的、愚昧的“理智荒漠”，这使他愤然发出对俄罗斯历史的无情批判。但无论这种批判看上去多么严苛和怪诞，它却始终是出于恰达耶夫对俄罗斯未来使命的期望之上的。

所以，他在 1835 年写给 A.И.屠格涅夫的一封信中写道：“我们不必照抄西方，因为我们自己并不是西方。俄罗斯只要领会了自己的使命，它就应积极倡导推行各种伟大的思想，因为它不具有欧洲的情结、热情、观念和兴趣。那么，我们为什么不可以这样说，俄罗斯为实现民族政策，其能力绰绰有余，它在世界上的事业是人类的政策……天意已使我们超越了民族利益并肩负起人类利益；我们在生活、科学、艺术中的所有思想都应以此为出发点和归宿，而这将是我们的未来，我们的进步……这将是我们长久孤独的逻辑结果：一切伟大之物均来自荒漠。”②

有些人把恰达耶夫前后观点的不一致视为其自身思想发生了某种转变，但我们认为，更准确地来说，这才是恰达耶夫真实的、根本的看法和诉求。学习西方只是为了使俄罗斯摆脱愚昧落后，但最终仍是要以实现俄罗斯民族伟大而神圣的使命为终极目标的。

尽管恰达耶夫表达自己对俄罗斯民族历史和命运看法的方式独特，但如果从更宏大的俄罗斯思想史背景上来看，这也可以被视为是俄罗斯民族自主性精神传统的一种特殊表现。

---

① [俄] 赫尔岑：《往事与随想》，巴金、臧仲伦译，人民文学出版社，1993 年版，第 523 页。
② [俄] 洛斯基：《俄国哲学史》，贾泽林等译，浙江人民出版社，1999 年版，第 59 页。

# 第二节　霍米雅科夫和基列耶夫斯基的应战

如上文所述，恰达耶夫《哲学书简》的发表不仅激怒了当时的沙皇尼古拉一世，也极大地震动了整个俄罗斯思想界，特别是其对俄国历史的极端否定态度更极大地激怒了一批以爱国主义和民族自尊自诩的贵族青年，其中最具代表性的应属 A.C.霍米雅科夫（1804~1860）和 И.В.基列耶夫斯基（1806~1856）。他们把恰达耶夫的观点和言论视为一种挑战，并对此积极进行应战。

## 一、A.C.霍米雅科夫的应战

当恰达耶夫第一封哲学书信在 1836 年公开发表后，霍米雅科夫就迅速对此做出了反应。他原本要在《莫斯科观察员》杂志上刊载一篇题为《关于哲学书信的几句话》的小文章，但后因报刊检查而未能付梓印刷。

霍米雅科夫在这篇未发表的文章中提出：“我们同西方相比真的是这样微不足道吗？我们真的像人类大家庭中的养子吗？”[①]

这反映了当时俄罗斯思想界刚刚形成的一种朦胧意识：“正是在那个时候人们获得了刚刚形成的俄罗斯方向与当时主导的西方主义之间斗争的初步认识。霍米雅科夫是早期斯拉夫派的唯一代表。”[②]

随后，他在 1839 年完成了《论新与旧》，在这篇文章中首先指出了考察俄罗斯历史的必要性和重要性。他指出：“当下我们亟待解决如何看待古罗斯的问题，现实已经不允许我们对它置若罔闻了，这是因为当代如此清晰地表明它是一个转型的时代，未来的走向完全取决于我们有关过去的观念。”[③]

---

① Хомяков А.С.Соч.，В 2т.Т.1，М.，1994：449.

② Кошлёв А.И.，Записки А.И.Кошелёва，М.，1991：77–78.

③ 笔者译自 Хомяков А.С，Всемирная задача России，М.，Инс–т Русской цивилизации，2008：207.

进一步来讲，“如果在过往俄罗斯的生活中没有任何美好和有价值的东西存在过，那么，我们就不得不从其他民族的生活中，从个人的学说中，从最文明的民族所取得的成果中，从对现代化的追求中获取一切。我们可以果断地开始做事，将异乡的果实嫁接到家乡的果树上，翻种土地却并不撒下一粒种子，当收成不好的时候，内心的良知也会感到不安，而每当此时我们总是安慰自己说，还是这样做吧，否则会比以前更糟糕。如果相反，俄罗斯的古老时代是一座取之不尽的宝藏，其中蕴藏着所有的真理和善，那么我们劳作的性质就会发生改变，而一切也将变得容易得多了。你看，这些是档案，这些是古代文件、交易、法庭仲裁和编年史的札记等。我们仅仅需要引入事实对这些档案汇编作一些批判就可以复活古代的王国、机构和法律了，而它们的尸体原本是在被人遗忘的柜子和抽屉中慢慢腐烂的”。[①]

这里列举了当时的俄罗斯社会面对古罗斯遗产所可能产生的两种截然相反的立场与观点。那么，霍米雅科夫究竟是同意哪一种观点呢？是同意完全照搬西方还是同意复活古代俄罗斯呢？

霍米雅科夫的回答是：“在对这两种观点进行了简单的考察之后，我们还是很难同意它们中的任何一个。问题是复杂的，因此，解决它也是困难的。究竟哪一个俄罗斯更好，是旧的还是新的？是否有许多外来元素已经进入到现在的俄罗斯有机体中？俄罗斯是否接受这些元素？俄罗斯是否丢掉了许多自己的基本原则，它们又是些什么，我们是否应该为失去它们而感到惋惜并努力恢复它们？”[②]

尽管如此，霍米雅科夫仍然坚信，“在那个俄罗斯中保存着许多美好的本能”，但“它们每时每刻都遭受着人们的恣意曲解；我也知道，终将有一天我们会为自己粗暴地践踏公正、自由和教会纯洁的神圣真理而受到惩罚；但不得不承认，在人们的生活中所有最美好的原则不但没有获得发展，反而完全湮灭于人们的生活中，这在法律触碰到他们虚假的生活之前就已经发生了”。[③]

---

① 笔者译自 Хомяков А.С，Всемирная задача России. М.，Инс –т Русской цивилизации，2008：207–208.

② 笔者译自 Хомяков А.С.，Всемирная задача России.М.，Инс–т Русской цивилизации，2008：208.

③ 笔者译自 Хомяков А.С.，Всемирная задача России.М.，Инс–т Русской цивилизации，2008：209.

因此，“我们不必为赶不上西方而感到羞愧。英国人、法国人和德国人过去没有一丁点美好的东西。越往前看，他们就越感到社会更糟糕、更没有道德可言。我们的古代为我们提供了个人生活中、诉讼程序中和人们之间的关系中一切美好事物的榜样和原则；但所有这一切都因缺乏国家原则、内部纷争和外敌奴役而遭到了压制和破坏。西方人不得不逃离过去的一切，如同远离愚蠢的东西，并且在自身中重新建立一切美好的东西；我们只要复活和明确已有的东西，使它重归于意识和生活就足够了。我们的未来充满希望”。①

随后霍米雅科夫在文中列举并详细论述了自古罗斯保留下来的各种美好的原则，它们分别是东正教（有别于西方天主教）、村社生活（有别于西方封建制城堡生活）与和平产生的大公（有别于西方暴力征服产生的君主）。这保证了古罗斯社会的安定和谐，并与动荡战乱的西方社会形成了鲜明对比。

“如果谁要是打算想象一下封建时代的西方社会的话，那么他只能想象出由高墙加固的众多的城堡，其中居住着出身高贵的骑士及其家庭，周围居住着出身低贱的平民，他想不出另外的景象……与此相反，如果你想象一下古代俄罗斯社会，那么你在这里既看不到任何城堡，也看不到居住在它们周围的贱民，既看不到出身高贵的骑士，也看不到与他们相斗的国王。你所看到的只是分布在整个俄罗斯大地上的无数小村社，根据公认的规则，每个村社都拥有自己的主管人，每个村社都是一个独特的和谐团体，或者说是一个小米尔。这些小米尔或和谐团体融入到其他更大的团体之中，而这些更大的团体又构成地区性团体，最后形成种族团体，由诸多种族团体就构成了整个俄罗斯的一个巨大的共同体，它拥有一个全罗斯大公，整个社会大厦及其最高建制的全部联系都以他为支撑。”②

可以说，霍米雅科夫的《论新与旧》已不是一篇一般意义上的哲学文章，它更像一篇政论性文章。他很少使用概念来分析问题，更多的是列举历史事实来论证观点。但这并不会妨碍它的学术价值。它是斯拉夫派的纲

---

① 笔者译自 Хомяков А.С.，Всемирная задача России.М.，Инс-т Русской цивилизации，2008：212-213.

② ［俄］基列耶夫斯基：《论欧洲文明的特征及其与俄罗斯文明的关系——给科马罗夫斯基伯爵的信》，张百春译，《世界哲学》，2005年第5期，第89页。

领性作品，在整个斯拉夫派思想中起到了提纲挈领的作用。

总之，《论新与旧》是霍米雅科夫为了应对恰达耶夫在《哲学书简》中对俄国历史的质疑和否定而完成的，他梳理大量的史实证据用以说明，与西方相比，在俄国历史中还是保留下来了各种“美好的原则”。

因此，俄罗斯不必学习西方，而只需复活和返回这些古老的原则，它的未来就不是“理智荒漠”，而是大有希望，甚至可以在未来拯救西方。这种观点成为后来形成的斯拉夫派的基本立场和核心观念。

## 二、И.В.基列耶夫斯基对霍米雅科夫的回应

同样作为斯拉夫派的核心人物，虽然霍米雅科夫和基列耶夫斯基在反驳恰达耶夫的立场和坚持俄罗斯方向上是一致的，但两者在如何进行反驳、在什么方面进行反驳等问题上却出现了分歧。这就出现了一种有趣的现象，即“对回应的回应”，即基列耶夫斯基对霍米雅科夫的回应进行的回应。

《论新与旧》首先是在基列耶夫斯基定期组织的晚间讨论会上宣读的，一经宣读就引发了强烈反响。基列耶夫斯基在随后写下的《答 A.C.霍米雅科夫》的开篇就指出，“霍米雅科夫先生的文章让我们中的许多人想要反驳他”。[①]

基列耶夫斯基首先否定了霍米雅科夫的提问本身，并提出了他认为更为适当的问题：“由此可见，问题的提法本身就是不对的。与其问从前的俄罗斯是否更好，不如问：为了改善我们的生活，现在是否需要复归于旧俄罗斯或者是否需要发展与它相对立的西方成分？”[②]

通过比较以上两种不同的提问本身，我们可以发现两位作者的关注焦点发生了位移。前者的焦点停留在驳斥恰达耶夫对俄国历史的否定之上，他在努力证明，古罗斯有许多美好原则，虽然经历了内部纷争、外部奴役和风俗的恣意歪曲，但它们依然保留在民众的心灵深处。这是未来俄罗斯复兴的希望和根基所在。

与霍米雅科夫相比，基列耶夫斯基的焦点则已经从证明俄罗斯古代的

① 笔者译自 Киреевский И.В.，Полн.собр.соч.М.，1861：188.

② ［俄］索洛维约夫等：《俄罗斯思想》，贾泽林译，浙江人民出版社，1999 年版，第 40 页。

优越性转移到关注俄罗斯有机体的现实构成成分上来。换言之，他已经清醒地意识到，现实的俄罗斯有机体构成中不仅包含着古代因素（或旧俄罗斯因素），同时也包含着西方因素。它们同为俄罗斯有机体的现实构成因素，更为重要的是，这些西方因素是在200年间积淀下来的，不可能被彻底消除。

基列耶夫斯基认为，这才是讨论俄国历史发展道路问题的起点。在他看来，现在所要关注的已经不是向西方证明古代俄罗斯的优越性问题，而是要甄别出哪些因素对于俄罗斯未来的发展是有益的，哪些因素是有害的。总之，“问题不在于二者必择其一，而在于如何使两者获得更有效发挥作用的取向”。①

基列耶夫斯基进一步指出了欧洲文化的基本成分：“成为欧洲文明基础的有三个成分：罗马基督教、破坏了罗马帝国的不文明的野蛮世界和古代多神教的古典世界。”②

在基列耶夫斯基看来，构成欧洲文明的基本成分建立在理性主义基础之上。首先，“古代多神教的古典世界（没有为俄罗斯所承袭），就其实质来说，是人的形式理性压倒人的内在和外在的一切，即压倒以自我本身为基础的纯粹理性，后者不承认高于自己和在自我之外的任何东西，体现在它所特有的两种类型之中，一种是形式上的抽象性，另一种是抽象的感性”。③

其次，具有这种特点的古典主义影响了罗马教会，并使它背离了东方教会的传统，发展了理性主义。它用推理和逻辑取代了教义，其中最突出的例证就是中世纪经院哲学的出现。

经院哲学试图使用哲学的方式来证明信仰，“但这一在逻辑上得到证明和逻辑上与理性相对立的信仰已经不是有生命的信仰，而是形式信仰，已不是信仰本身”。④ 正因如此，西方的基督教信仰也就丧失了其原本意义，不再是纯粹的基督教，并依照另外一种推理方式确立了君权神授的权威。

理性主义在欧洲战胜了信仰和传统，成为了“欧洲教育和生活方式的

①② ［俄］索洛维约夫等：《俄罗斯思想》，贾泽林译，浙江人民出版社，1999年版，第41页。
③ ［俄］索洛维约夫等：《俄罗斯思想》，贾泽林译，浙江人民出版社，1999年版，第42页。
④ ［俄］索洛维约夫等：《俄罗斯思想》，贾泽林译，浙江人民出版社，1999年版，第44页。

突出特点”。[①] 因此，俄国有机体中的西方因素也同样带有理性主义特点。

那么，究竟应该如何评价这种理性主义呢？基列耶夫斯基指出，“在给合理性带来的各种好处以应有评价的同时，我认为，在终有尽头的发展中它将痛楚而清楚地发现：原则是何等的片面、何等的具有欺骗性、多么富有诱惑力和多么阴险狡诈”。[②]

基列耶夫斯基进一步指出，西方社会的现状就是理性主义所带来危害的最好证据。“我深知，欧洲的所有精英都对现在的道德堕落状况、缺乏信念、普遍的利己主义深恶痛绝，他们要求理性之外的新的精神力量，要求精打细算之外的新的生活动力——总之，他们在寻找信仰，但在自己那里却找不到信仰。”[③]

西方正在寻找的信仰在哪里呢？基列耶夫斯基回答道，纯洁的基督教信仰保留在俄罗斯，保留在俄罗斯的教会中。这不仅是西方正在寻找的精神力量，而且是俄罗斯彻底摧毁残余的形式理性的力量所在。

因此，俄国的历史发展方向不是要强行复归古代，而是复归到教会所保留下来的“纯洁的和活的精神”中来。这是俄国与西方相区别的独特性和优势所在。

但为什么人们尚未发现这点呢？在基列耶夫斯基的行文中，我们可以把它归结为以下三方面的原因：

第一，他认为，虽然俄罗斯具有与西方完全不同的社会生活方式和个人生活方式的基本原则，但这些原则尚未得到充分发展。

第二，导致这些原则没有得到充分发展的主要原因是异己成分的引入和外族侵略等历史因素的影响。它们中断了这些原则在俄国的充分展开。

第三，当时的俄国正处于盲信西方的时代。“现在我们只希望出现一种情况，即：某个法国人能够理解基督教学说的独创性，懂得它是怎样蕴含在我国的教会中，他能在杂志上发表有关这些问题的文章；德国人能够深入地研究我国的教会并在演讲中证明在我国的教会中完全偶然地发现了西方教育现在孜孜以求的那些东西。这样一来，毫无疑问我们将会相信法国人和德国人，我们自己将知道我们拥有哪些东西。”[④]

由此可见，基列耶夫斯基对恰达耶夫的反驳要比霍米雅科夫更为深

①②③［俄］索洛维约夫等：《俄罗斯思想》，贾泽林译，浙江人民出版社，1999 年版，第 43 页。
④［俄］索洛维约夫等：《俄罗斯思想》，贾泽林译，浙江人民出版社，1999 年版，第 51 页。

人。他在承认西方理性主义为人类带来了各种好处的基础之上，进一步指出西方最终会因为缺乏精神力量和纯粹的基督教信仰而走向衰落与死亡。

基列耶夫斯基认为，当时的西方社会已经陷入巨大的精神危机中，只有俄罗斯教会才能为他们提供其所寻找和需要的精神力量。这是他后来提出的精神基础的实质。可以说，这篇文章已经带有了浓郁的斯拉夫主义色彩。

## 第三节　斯拉夫派与西方派的形成

恰达耶夫《哲学书简》的发表直接造就了两个不同的思想流派——斯拉夫派与西方派，而之前在恰达耶夫、霍米雅科夫和基列耶夫斯基之间发生的那场“对回应的回应”拉开了两派形成之前的前奏和序幕。

关于两派形成的时间，按照 A.Д.苏霍夫在他的《百年争论——俄罗斯哲学中的西方主义与独特性》中的说法，可以把恰达耶夫完成《哲学书简》的 1836 年看作西方派形成的时间。

斯拉夫派形成的时间要稍晚一些，通常认为，它正式形成于 1839 年，标志正是上文提到的霍米雅科夫和基列耶夫斯基在莫斯科沙龙中宣读的自己的历史哲学文章《论新与旧》和《答 A.C.霍米雅科夫》。本节将主要介绍两派的基本构成及其代表人物。

### 一、西方派的基本构成及其代表人物

“西方派”这个名称是它的对立面——斯拉夫派送给他们的带有鄙视意味的称呼，初时这个词几乎等同于“民族和国家公敌”和“数典忘祖之辈”之意。因此，斯拉夫派也曾使用“世界主义”一词来抨击西方派。世界主义通常与“无根的”，与没有祖国渊源的犹太人传统相关。

西方派主要代表人物包括恰达耶夫、B. Г.别林斯基（1811~1848）、赫尔岑、T. H.格兰诺夫斯基（1813~1855）等。

在西方派中，赫尔岑是一个个性鲜明的人物。他来自一个富有的贵族家庭，但是一个私生子，在莫斯科论战中，他是霍米雅科夫等斯拉夫派的

主要对手和进步的西方派的重要代表。

赫尔岑的朋友安年科夫在《辉煌的十年》中对他的描写是生动且真实的："他天性里这种爱憎错杂、充满矛盾的变化—— 一面善于怀疑与否弃、一面信则信至盲目——经常在他与朋友之间导致困惑与误会，时而甚至明争构怨。"

赫尔岑后来逐渐抛弃了唯心主义的哲学观念，立场变得越来越激进，也越来越富于批判意识，并于 1847 年离开俄罗斯，从此再也没有回国。他借助积极的新闻事业而在国外获得了巨大声誉，他的自传《往事与随想》是俄罗斯文学中最出色的作品之一。

西方派中的格兰诺夫斯基影响也很大。他在莫斯科大学教授欧洲历史，对莫斯科大学和 19 世纪中期的整个年轻一代产生了直接和巨大的影响。

赫尔岑在《往事与随想》中专门有一章回忆格兰诺夫斯基。他写道："格兰诺夫斯基对莫斯科大学和整个年轻一代的影响是巨大的，而且他死后仍在发挥影响；他在自己身后留下了长长的光带。"①

西方派的另一个代表人物别林斯基是俄国最著名的文学评论家，他生逢其时，得以欣赏普希金、莱蒙托夫、果戈理的著作和陀思妥耶夫斯基、屠格涅夫、涅克拉索夫的早期作品。

更为重要的是，他试图将文学作品置于更为广泛的社会、历史和思想背景中来评论，有意在评论中引入自己的西方派观点，并借此对大众进行启蒙和引导。

因此，"别林斯基最大的影响是，将政治和社会标准作为评估艺术作品的尺度。正如涅克拉索夫后来指出的，一个人并不一定非当诗人不可，但他必须是一个公民"。②

## 二、斯拉夫派的基本构成和代表人物

斯拉夫派的俄文表述为"славянофилы"，英文为"slavophiles"。从俄语构词法角度来看，"славянофилы"的词根为"славян"，"-о-"为中缀，

① [俄] 赫尔岑：《往事与随想》，巴金、臧仲伦译，人民文学出版社，1993 年版，第 501 页。

② [美] 尼古拉·梁赞诺夫斯基、马克·斯坦伯格：《俄罗斯史》，杨晔、卿文辉译，上海人民出版社，2007 年版，第 335 页。

"-фил"为后缀。"-фил"作为表人后缀时，通常带有明显的戏谑、嘲讽的修辞色彩。

这个俄文表述第一次出现在 1804 年德米特里耶夫写给 Д.И.雅泽科夫的信中。他在信中写道："我当然愿意看到我们的斯拉夫派继续他的无稽之谈。"① 这里谈到的"我们的斯拉夫派"并不是指霍米雅科夫等人，而是指发生在 19 世纪初俄罗斯文学界的那场关于新旧文体的争论中以俄国语言学家 А.С.希什科夫为代表的相对保守的一派。

事实上，斯拉夫派最初自称是"斯拉夫—基督教派"，只是后来它的论辩对手——西方派借用德米特里耶夫的表述将其称为"斯拉夫派"，意在讽刺他们故步于俄罗斯传统，不接受任何形式的变革和创新。

但从他们的自称上可以看出，他们并没有排斥这个称呼。究其原因，这很可能与当时整个俄国社会对于德国浪漫主义的态度相关。"19 世纪初，德国浪漫思想之抵达俄国是受到大多数俄罗斯人普遍欢迎的，这并不仅限于斯拉夫派主义者。"② 关于德国浪漫派与斯拉夫主义者之间的关系问题我们将在后面进行论述。

斯拉夫派主要成员包括霍米雅科夫、基列耶夫斯基兄弟、К.С.阿克萨科夫（1817~1860）、И.С.阿克萨科夫（1823~1886）和 Ю.Ф.萨马林（1819~1876）等。

斯拉夫派成员内部虽然在基本立场上是一致的，但"事实上，斯拉夫派小组那些青年贵族知识分子的精神风貌、思想倾向的确是风采各异的。比如，阿克萨科夫强烈地爱着莫斯科、莫斯科罗斯，对莫斯科迷恋到了狂热的程度"。③"霍米雅科夫则是出色的宗教哲学家，生活在教堂里，而萨马林是 19 世纪 40 年代俄国最早接触乌托邦社会主义学说的人之一。"④

与此同时，斯拉夫派成员对斯拉夫主义的理解也不尽相同，正如基列耶夫斯基指出的："第一种人把斯拉夫主义只看作语言与民族统一；第二种人把它理解为西欧主义的对立物；第三种人则追求民族性；第四种人笃

---

① Цимбаев Н.И.，Славянофильство，Из истории русской общественно-политической мысли 19-века，М.，1986：6.

② 艾恺：《世界范围内的反现代化思潮——论文化守成主义》，贵州人民出版社，1991 年版，第 62 页。

③ [俄] 巴纳耶夫：《群星灿烂的时代》，刘敦健译，上海译文出版社，1995 年版，第 221 页。

④ 白晓红：《俄国斯拉夫派思想探源》，《求是学刊》，1998 年第 2 期。

信东正教。”

斯拉夫派的代表人物之一霍米雅科夫被 В.З. Завитневич（霍米雅科夫的研究者）誉为俄罗斯 200 年历史中最伟大的人物之一，与彼得大帝、罗曼诺索夫和普希金并列。霍米雅科夫曾任俄罗斯文学爱好者协会主席，该组织成立于 1811 年，一直持续到 1930 年。在 19 世纪时这个组织凝聚了俄罗斯先进的文学力量。

霍米雅科夫是一个个性鲜明的人物，他爱好广泛，涉猎很多领域，甚至是相距很远的领域。在历史哲学方面，他感觉到自己更适合于整体判断，强过于事实细节。

基列耶夫斯基和霍米雅科夫同为斯拉夫派的奠基者和领袖，但性格差别很大。前者是这个运动中的浪漫主义者，是一个性格孤僻并有神秘主义倾向的沉思者，而后者则是最现实同时又最富有战斗精神的人。

或许正因为如此，被誉为十月革命前最杰出的观念史家的格尔申宗才提出，基列耶夫斯基的著作是“俄国的真理和谎言的共同源泉，整个斯拉夫派的形而上学和历史哲学只不过是基列耶夫斯基所提出的观念的进一步发展”。

总之，围绕着俄国的历史发展道路、俄国的历史使命和历史地位等问题，由于《哲学书简》的发表而在 19 世纪中期形成了两个相互对立的思想流派——西方派和斯拉夫派。西方派捍卫俄国的西方主义发展方向，而斯拉夫派则坚持认为俄罗斯文化中存在一些独特的因素，因此拒绝无条件模仿西方。

那么，两派论战的情况究竟如何，他们之间的论战是如何展开的，又是如何终结的呢？

## 第四节　莫斯科论战的展开与终结

如上文所述，19 世纪上半期的俄罗斯在“军棍沙皇”尼古拉一世的统治之下患上了“集体失语症”。尼古拉一世对十二月党人的残酷镇压给俄国人注入了恐惧和小心的因素。当时的俄国贵族人人自危，首都和外省各地到处都在销毁信件、日记、文章和诗歌。俄罗斯成为了“一个噤若寒蝉”、“不习惯发表独立见解的国家”。

赫尔岑在《往事与随想》中描述了这段时期俄罗斯思想界的内在状况：“长期与人民隔绝的那部分俄国人，在单调乏味、无所作为、不能提供任何补偿的桎梏下，默默无声地忍受着苦难。每个人都感到了压力，每个人都有话要说，然而大家沉默着。”①

莫斯科的私人沙龙为那些试图“发表独立见解”的人提供了相对安全的场所，所以两派的很多次思想交锋都是在这种私人沙龙中进行的，两派论战也因此被称为“莫斯科论战”。

赫尔岑的一段描述再现了两派在 19 世纪 40 年代争论的激烈场面：“谈到莫斯科的客厅和餐厅……这也是霍米雅科夫从晚 9 时跟人辩论一直到凌晨 4 点的地方；这是阿克萨科夫手拿穆尔莫尔卡帽②为了莫斯科而大发脾气的地方……这是恰达耶夫穿戴整齐，带着一副像蜡像般柔和的脸，用辛辣的讽刺激怒惊慌失措的贵族和信奉东正教的斯拉夫派的地方……有时候别林斯基也会像康格里夫火箭一样闯到这里，把周围遇到的一切都烧成灰烬。”③

除了在莫斯科和彼得堡的沙龙中之外，斯拉夫派和西方派还通过各种杂志和报纸作为发表自己观点和驳斥对方的阵地。

斯拉夫派观点的集中表达是在 19 世纪四五十年代先后推出的几本文集：《辛比尔斯克文集》（Синбинрский сборник，1844）、《关于俄国及其信仰》（Сборник историческихи статистических сведений о России и народахей единовремерных и единоплеменны，1845）、《莫斯科文集》（Московские сборник，1846、1847、1852）。在 19 世纪 50 年代末，斯拉夫派还创办了自己的报纸和杂志：《俄国丛谈》、《乡村建设》、《传闻》和《帆》。

西方派则主要通过《祖国纪事》等杂志宣传自己的观点。

虽然斯拉夫派与西方派围绕着俄国道路的选择问题进行了一场旷日持久的论战，但他们的关系就如同赫尔岑所说：“我们有同样的爱，只是方式不一样……我们像伊阿诺斯或双头鹰，朝着不同的方向，但跳动的心脏

① [俄] 赫尔岑：《往事与随想》，巴金、臧仲伦译，人民文学出版社，1993 年版，第 152 页。

② 俄罗斯一种古老的平顶卷边皮帽。

③ [俄] 赫尔岑：《往事与随想》，巴金、臧仲伦译，人民文学出版社，1993 年版，第 536 页。

却是一个。”①

进一步来说，他们爱的方式存在着差异：“不同的是斯拉夫派把祖国当成母亲。认为母亲具有独特的思维方式、生活习惯、宗教信仰和民族传统，它们都是在俄国的土壤中生长起来的，应按自己的规律发展。俄罗斯可以进行现代化，但没有必要采用西方的模式、走西方的道路，应该在俄罗斯固有经济、政治、文化基础上进行改革、发展，即强调在现代化中应注意民族传统与国情特殊性。西方派则把俄罗斯当成孩子。孩子的任务在于不断地学习，吸取一切进步的、先进的东西，这些东西代表人类的发展方向。”②

两派争论一直持续到 19 世纪 50 年代，但随着基列耶夫斯基兄弟在 1856 年去世，霍米雅科夫和 K. C.阿克萨科夫在 1860 年去世，两派的主要论战也告终止。

尽管如此，由于两派都是 19 世纪中期心系俄国命运的贵族青年，深受西方文化的影响，熟悉德国古典哲学思想，这也使得他们在论战中所提出的问题超越了时代的局限性而具有了持久的意义和价值，本节将围绕两派所争论的主要问题进行简单论述，并试图分析和挖掘其潜在的价值和意义。

## 一、如何看待俄罗斯

斯拉夫派与西方派争论的主题之一便是如何看待俄罗斯。西方派嘲笑斯拉夫派是“只关心古罗斯的人”，表明斯拉夫派对俄罗斯传统较为推崇。斯拉夫派则讽刺西方派是“数典忘祖之辈”，意指西方派认为俄国传统文化需要抛弃。

### （一）斯拉夫派眼中的俄罗斯

围绕“如何看待俄罗斯”问题所产生的争论大多源自对斯拉夫派立场的误读上。这当然与斯拉夫派的一些做法有关系，他们热烈赞美古罗斯甚至把它理想化，也曾组织过化装游行，穿起古罗斯时代的长袍和高帮靴

① [俄] 别尔嘉耶夫：《俄罗斯思想》，雷永生、邱守娟译，三联书店，1995 年版，第 38 页。

② [俄] 赫尔岑：《往事与随想》，巴金、臧仲伦译，人民文学出版社，1993 年版，第 536 页。

子，戴 18 世纪以前的平顶皮帽，以此宣传自己的主张。[①]

这种做法很容易使人相信，首先，“他们是一群痴心想要回到古罗斯的顽固分子”。格兰诺夫斯基也批判他们“不爱活生生的俄罗斯，而喜欢被他们从古墓中召唤出来的古旧的幽灵，并且向着他们创造出来的想象的偶像着魔式地顶礼膜拜”。[②]

其次，西方派更进一步认为，斯拉夫派是“反对欧洲精神，反对文明，反对必要的教育以及对普通老百姓的识字教育，反对彼得大帝的改革和现代风习。一种暧昧的暗示：俄国社会应该回到它因而中断的那个时代，重新开始自己独立的发展，应当去接近那些似乎还保持有古代斯拉夫风习的纯洁性、在连续几个世纪中没有发生什么改变的民众”。[③]

最后，斯拉夫派不断强调民族性，这在西方派看来也是鄙俗的、狭隘的，是一种一个民族在遭遇外来文化时的本能反应。别林斯基就曾指出，“斯拉夫主义，或者说俄罗斯主义，不是一种理论，也不是一种学说，而是一种被侮辱的民族情感，是一种模糊的回忆和忠于自己民族的本能，是一种专门针对外国影响的反抗，这从彼得一世带头剃须的时代就开始了”。[④]

更有人认为，“在许多学术著作中，斯拉夫派学说、斯拉夫主义几乎成为民族主义的代名词，而狭隘的民族主义必将导向沙文主义”，[⑤] 他们认为，“斯拉夫派的东正教信仰，他们的志在复古的爱国主义，以及被夸大了的、触犯不得的民族感情，是他们走向另一极端引起的”。[⑥]

以上种种都可以被视为对斯拉夫派立场的典型误读，原因在于：第一，“事实上，斯拉夫派与后来的泛斯拉夫主义派别截然不同，没有单纯的民族沙文主义倾向。这从政府认为他们的活动是有害的而加以禁止并动用第三厅监视中，可以找到反面的证明”。[⑦]

更进一步来说，斯拉夫派以及后来的欧亚主义同前斯拉夫主义以及某些保守主义流派不同，他们是出于那种捍卫自己文明的积极愿望，而不是

---

① Зорькин В.Д., Из истории буржуазно-либеральной политической мысли России Второй половины XIXв.-начала XXв.М., 1975：6.

② 白晓红：《俄国斯拉夫主义》，商务印书馆，2006 年版，第 55 页。

③ 别林斯基：《别林斯基选集》第六卷，辛未艾译，上海译文出版社，2005 年版，第 541 页。

④［俄］赫尔岑：《往事与随想》，巴金、臧仲伦译，人民文学出版社，1993 年版，第 515 页。

⑤⑦ 白晓红：《俄国斯拉夫派思想探源》，《求是学刊》，1998 年第 2 期。

⑥［俄］赫尔岑：《往事与随想》，巴金、臧仲伦译，人民文学出版社，1993 年版，第 514 页。

仅仅出于对一种异族文化的消极敌对的本能。

第二，同时需要指出的是，虽然斯拉夫派极力肯定甚至不惜夸大古罗斯的美好，但这并不意味着斯拉夫派主张俄罗斯应回到古罗斯时期。

霍米雅科夫在一封信中就曾写道："拜托，快放弃任何关于回到古代似乎是我们的理想的想法……过去的道路应该是为了确定未来的方向。"[①]基列耶夫斯基也曾指出："任何生活形式，一次性地过去了，已经是不可重复的了，这就是参与创造的时间的特殊性。恢复这些形式，就等于复活死人。"[②]

这也是斯拉夫派与那些保守主义者，如乌瓦洛夫和舍维廖夫之流的一个根本性区别。后者反对任何指向未来的改革行为，一心只想回到古代，回归一成不变的生活方式和情景。

第三，斯拉夫派非但不排斥改革，反而提倡甚至实施改革。如在经济改革层面，斯拉夫派成员曾制定过具体的土地改革方案，霍米雅科夫甚至在自己的庄园内实行了这个方案。他们与西方派一样，渴望俄罗斯变得强大富强。同时，他们也坚信现代化转型是实现国家富强的必经之路。

由此可见，斯拉夫派强调古罗斯或俄罗斯传统文化的优越性，并不是要做回到古代的理想的守旧者。相反，他们的历史意识是指向当代乃至未来的。他们不断讨论古罗斯的真正原因不是为了复活古代的生活形式，这本身是荒谬和无意义的，而是为了解决关乎当下俄罗斯的转型和未来的发展问题。

正如别林斯基在《现代人》第一期中所说："斯拉夫派的出现，在某种程度上是很值得注意的事实，它反对无条件地模仿，同时又证实俄国社会对独立自主发展的要求。"[③]

**（二）西方派眼中的俄罗斯**

至于被斯拉夫派指责为"数典忘祖之辈"的西方派对于俄国历史文化的否定也并非出于"崇洋媚外"的庸俗心理，而是基于他们对西方文明与俄罗斯文化的解读和认识上。

西方派绝不是盲目而狂热崇拜西方文明的无知之流，他们所认同的并

---

① Дудзинская Е.А.，Славянофилы в общественной борьбе.М.，1983：55.

② Киреевский И.В.，Пол.собр.соч.М.，1911（2）：26.

③ 别林斯基：《别林斯基选集》第六卷，辛未艾译，上海译文出版社，2005 年版，第 541 页。

不是西方文明本身，而是它所代表的普遍文明。只是这种普遍文明在西方最为充分地展现了出来。

正如恰达耶夫所认为的，虽然西方社会并不完美，它有一些固有的缺陷和不足，但“已知的上帝王国中的一切确实在西方社会都实现了”。[①]

上帝王国是“普世文明”的形象说法，西方派相信，普世文明必将在世界上实现，西方社会也因此会成为其他民族争相模仿的典范。这才是西方派认同西方文明的真正原因。他们相信，只有自己同西方不断接近，才能融入到不断接近普世文明的持续而平稳的进步中去。

但历史上的俄罗斯是与这种文明渐行渐远的，格兰诺夫斯基就曾指出，俄罗斯文化植根于拜占庭文化，而正是拜占庭的东西被沙皇政府用来作为对付先进的西方文化的解毒剂。

虽然俄罗斯在 10 世纪就接受了基督教洗礼，但接下来的异族统治，使其断绝了与西方文明的联系，因此，西方派把俄国文化视为落后文化，是与先进的西方文化相悖的。这进一步导致俄罗斯的进步是不可能的，所以，在西方派看来，与西方文明相隔绝的历史的俄罗斯是应该被抛弃的。

总之，在如何看待俄罗斯的问题上，斯拉夫派与西方派的立场是完全相悖的，但斯拉夫派的肯定与西方派的否定都包含着对俄罗斯未来转型之路的关注与思考。

## 二、如何看待“西方”：冯维津论断[②]引发的争论

与“如何看待俄罗斯”相对应，斯拉夫派与西方派之争的另一个焦点问题是“如何看待西方”。

“西方”本是地理学名称，用来指称与“东方”相对的地理空间和人类生活区域，但在人类进入现代社会以后，“西方”便具有了某种文化学意义，用来指称起源于西方的现代文明。

因此，“如何看待西方”的问题也就是如何对待自 17 世纪开始的西方文明圈扩张的问题，换言之，是接受还是反抗被西化的问题？关于这个问

① Чаадаев П.Я.，Соч.，М.，1989：32.

② 张建华将其称为“冯维津命题”，但本书为强调其“判断”之意，故将其命名为“冯维津论断”。

题，两派的立场在冯维津论断所引发的争论中表现得较为清晰，那么，第一个问题是，谁是冯维津[①]呢？

冯维津（1744~1792）是 18 世纪下半叶俄罗斯最为杰出的剧作家、文学家、文学评论家，普希金称他为“所有俄罗斯人中最俄罗斯的人”。当时俄罗斯的戏剧创作正逐渐从古典主义转向现实主义，同时受到普加乔夫起义的影响，批判和讽刺的倾向日益突出。

在叶卡捷琳娜二世统治时期，法国礼仪风靡俄国宫廷，针对这种社会现实，他在经典文学作品《纨绔子弟》、《旅长》中，极力赞美“本土”的俄罗斯生活，而贬低法国生活，表现出了鲜明的对俄国上层社会感染法国狂的批判。如果按照 19 世纪斯拉夫派与西方派大争论时期的划分标准来看，他应被看作斯拉夫派的先驱。

第二个问题是，什么又是冯维津论断呢？这主要是指冯维津在 18 世纪 80 年代在《俄语语言爱好者谈话良伴》中提出的以下一系列问题：[②]

（1）俄国文化与西方（欧洲）文化的差异性。即为什么许多在外国被认为是聪明的人，在我们这里被认为是傻瓜，相反，我们这里的聪明人在外国常常是傻瓜?!（第 15 个问题）

（2）怎样杜绝两种对立的、有害的极端倾向：第一种，似乎我们的一切都是丑恶的，外国的一切都好；第二种，外国的一切都是丑恶的，我们的一切都好?!（第 19 个问题）

（3）我国的民族性是什么?!（第 20 个问题）

（4）俄国文化胜于西方（欧洲）文化。他提出的理由是：我们出生在西方死亡的时刻（冯维津在公开发表这些问题之后，叶卡捷琳娜二世以“《真话与谎言》的作者”为笔名一一回答了这些问题，冯维津随后又撰写了一篇匿名文章，试图解释自己提出这些问题的真正动机，具体可参见本书附录一）。

这些问题都指向了一个基本论断，那就是：“西方生病了”，它将要死亡了，即彼得大帝改革以来俄罗斯所效仿的西方自身就是“不健康的”。

---

① 冯维津之前多被译作冯维辛，特此说明。

② 笔者译自 Фонвизин Д. 的 Вопросы 和 Собеседники любителей русского языка.1783 年冯维津给《俄语语言爱好者谈话良伴》杂志发去一封匿名信，给《真话与谎言》的作者，即叶卡捷琳娜二世提出了 20 个问题，后者也通过该杂志进行了回复。冯维津后来又在自己的两篇文章 《俄语词汇学家的经验》和《俄罗斯作家古老的风格》中予以了反驳。

后来这一论断在两派论战期间由斯拉夫派的辩手、俄国作家施维列夫概述为“西方腐败了”。

施维列夫在 1841 年第 1 期的《莫斯科人》杂志上发表了一篇题为《一个俄国人对欧洲现代构成的观点》的文章，他在其中写道：“在我们同西方那真诚的、友好的和紧密的关系中，我们没有发觉，我们与西方打交道就如同与一个患有严重的传染病的人一样，包围着他的是危险的呼吸。我们同他接吻、拥抱，和他分享精神食粮，一同喝下感觉的茶饮，但我们却没有察觉出隐藏在我们无忧无虑的交往中的毒药，在欢愉的盛宴中没有觉察到即将成为尸体的味道，虽然它已经开始散发出腐烂的味道了。”

第三个问题是，究竟西方生病与否呢？这直接关系到两派提出的历史道路的合法性基础问题。因此，双方的主要辩手就此展开了激烈争论。

斯拉夫派除了坚信西方已经腐烂了之外，还进一步指出西方腐败的根源，它“在自己那里找不到信仰”，而俄罗斯灵性至上的传统才是治愈西方痼疾的良药，可以拯救“腐败的西方”（该表述与后来斯宾格勒的“西方的没落”有异曲同工之妙）。

与之相反，西方派不无反讽地说，“西方腐败了，腐败了，但它却还在处处打击我们”。斯拉夫派的所谓“良药”实际上只是一种“克瓦斯爱国主义”，[①] 只会阻碍俄国的富强之路。

更为有趣的是，“腐败的西方”的说法最早是由西方派的主要辩手别林斯基提出的。这看似有些令人不解，西方派怎能自掘坟墓，承认西方腐败了呢？

实际上，它本来是别林斯基用来驳斥冯维津所提出的“西方道德腐烂的思想”观点的。

别林斯基在 1845 年发表的评论 B.A.索洛古勃（B.A.Соллогуб）的中篇小说《四轮马车》中第一次使用了这个表述。后来却由于命运的讽刺，错把它认为是产生于他的对手那里。别林斯基等使用这个表述的真正意图是揭穿斯拉夫派思想中存在的内在矛盾，不想事与愿违，却成为斯拉夫派反诘西方派主张模仿西方、崇拜普世文明。

总之，“西方”在西方派看来是个先行者，是个在历史上走在前面、

① 克瓦斯是俄国的一种传统饮料，“克瓦斯爱国主义”等同于虚假的爱国主义，意指无论传统东西的良莠，只要是祖国的就是好的，就值得提倡。

在发展逻辑上作为归宿的存在，代表了普世文明；在斯拉夫派看来，“西方”既不是唯一的现实，更不是未来的自己，它已经腐败了，甚至于在未来还需要俄罗斯的救赎。

## 三、俄罗斯应该选择何种历史道路

在回答了“如何看待俄罗斯”和“如何看待西方”两个前提问题后，斯拉夫派和西方派接下来需要直接回答关乎俄罗斯未来的根本性问题：俄罗斯应该选择何种历史道路？

由于西方派相信“俄国的得救，不在神秘主义里，不在唯美主义里，也不在虔诚信教里，而在教育文明与人性文化的成就里。她需要的不是讲道，不是祈祷，而是在人民心中唤起久已埋失于沼泽、于污秽中的人性尊严意识。她需要法律和权利——不是教会提倡的，而是合乎常识与正义的法律与权利”。所有这些“已知的上帝王国中的一切确实在西方社会都实现了”。[①]

正如上文所述，他们认同西方化的根本原因是西方文化体现了一些普世价值。这些价值包括如人性尊严、理性、权利意识、自由和教化等。

换言之，在西方派看来，西方实现了人类所追求的普遍理想。俄国的传统文化是实现这种理想的主要障碍。因此，他们赞美彼得改革后的俄国，抨击东正教会和专制制度，提倡学习西方以改造俄罗斯。总体而言，俄罗斯要学习西方，在俄罗斯也建立“上帝的王国”。

与之相反，斯拉夫派则认为，俄罗斯与西方在本质上代表着两种不同的文明。西方文明对俄罗斯而言是“外在的、异己的、与其最高成就相矛盾的”，[②] 因此，他们认为，“俄国社会应该回到它因而中断的那个时代，重新开始自己独立的发展，应当去接近那些似乎还保持有古代斯拉夫风习的纯洁性、在连续几个世纪中没有发生什么改变的民众”。[③]

斯拉夫派对古罗斯美好原则的肯定并不等于对普世文明积极理念的全

---

① Чаадаев П.Я.，Соч.，М.，1989：32.

② ［俄］И.В.基列耶夫斯基：《论欧洲文明的特征及其与俄罗斯文明的关系——给科马罗夫斯基伯爵的信》，张百春译，《世界哲学》，2005 年第 5 期。

③《别林斯基选集》第六卷，辛未艾译，上海译文出版社，2005 年版，第 541 页。

然否定，正如科舍廖夫后来回忆斯拉夫派思想时指出，“我们完全不排斥西方所做出的伟大发明和改善”。[①] 他们以一种特殊方式接受了西方价值中的积极理念，如自由、平等和博爱。

斯拉夫派在东正教、村社和专制制度中看到了这些启蒙理性所彰显的诸多理念，甚至于认为俄罗斯的这些理念是先于和高于西方的。他们根据这种先导性观念判定西方所实现的现代性是虚假和危险的。真正的现代性原则在彼得改革以前的古罗斯已经实现了，它们甚至可以在未来拯救西方。

因此，从表面上来看，在俄国历史道路的选择问题上，斯拉夫派与西方派做出了两种相反的选择：西方派认为俄国应该学习西方，因为它代表普世文明；斯拉夫派则坚信，西方文明中的普世价值已经包含在俄国传统文化中，而且西方已经腐败了，所以俄国应该走一条植根于自身文化传统的自主性道路。

但当我们深入地考察了两派的根本指向和诉求时，却可以看出，他们的选择是一致的。这是因为两派虽然在历史道路的选择问题上截然相反，但他们的根本诉求都是俄国可以实现富国强兵，在未来取代西方成为现代世界的中心。

在这点上，斯拉夫派的立场是明确的，而西方派在接受西方价值、实现俄国富强的背后隐藏的是他们与斯拉夫派相同的野心：“俄罗斯注定要成为世界文明活动的中心。”[②] 他们相信，霸权源于富强，只有俄国富强了，才能实现其称霸世界的野心。

## 本章小结

本章主要从恰达耶夫的《哲学书简》引发霍米雅科夫和基列耶夫斯基的回应开始，详细叙述了斯拉夫派与西方派的形成、莫斯科论战以及两派的主要观点。两派围绕“如何看待俄罗斯”、“如何看待西方”以及“俄罗

① Кошлёв А.И.，Записки А.И.，Кошлёва，М.，1991：91.

② ［俄］洛斯基：《俄国哲学史》，贾泽林等译，浙江人民出版社，1999 年版，第 41 页。

斯应选择怎样的历史道路”等问题展开了争论，其核心观点可以归结为：

在俄罗斯文明圈遭遇西方文明圈的冲击时，在俄罗斯面临历史道路的选择时，俄罗斯知识分子分裂为两种对立的立场，其中的西方派根据理性进步的标准批判了历史俄罗斯的愚昧、落后与狭隘，主张学习西方的现代化道路，实现俄罗斯的强大和富强。

与之相反，斯拉夫派则在古罗斯中发现了西方文明所代表的普世价值，并认为俄罗斯灵性至上的精神传统可以在未来拯救“腐败的西方”。因此，斯拉夫派认为，俄罗斯不是要学习西方，而是要回归传统，走一条自主性的发展道路。

应该说，后来的俄罗斯的历史选择始终是沿着西方派的历史道路发展的，但考察俄罗斯思想史可以发现，斯拉夫派所代表的自主性精神却是占主导地位的，这成为了俄罗斯民族意识的一个基本特征，关于这点我们在后面的章节仍将详细叙述。

# 第三章　赫尔德与斯拉夫派的历史意识

如第二章所述，斯拉夫派与西方派在面临西方文明圈对俄罗斯文明圈的冲击时做出了不同的历史道路选择：斯拉夫派选择了一条自主性的历史道路，而西方派则主张走与西方相同的现代化道路。

斯拉夫派与西方派不同的选择方式又进一步表现为两种历史观的对峙，即单线型历史观和多线型历史观之间的对峙。这两种不同的历史道路选择正反映了以上两种对立的历史意识，是不同的历史观决定了两派不同的历史道路选择。

## 第一节　两种对立的历史意识

历史的发展是单线型的还是多线型的？历史是由单纯理性所决定的，还是包含着各种限制性因素（地缘、发展程度、文化谱系影响、周边交往模式影响等）？历史发展的终极目的是形成统一的世界还是呈现为“地缘”的多样性文明？

以上这些问题在现代化之初便已被提了出来，随着现代化进程特别是全球化进程的逐步推进，这些问题不但没有获得解决，反而变得更加紧迫和重要起来。

18 世纪时，为了回答这些问题，德国出现了以古典主义哲学家为代表的单线型历史观和以浪漫派为代表的多线型历史观。本节我们将围绕这两种历史观做简单说明，以期为下文将要谈到的斯拉夫派历史意识做前提交代。

## 一、单线型历史观

所谓单线型历史观是把历史理解为一种合目的且进步的单线型发展过程，所有民族都依赖统一的发展模式和构成要素。借用黑格尔在《历史哲学》中的表述："理性是世界的主宰，世界历史因此是一种合理的过程。"①

因此，整个人类历史就表现为不断消解地缘性"他者"，走向均质化普世文明的历程。在建立这种普世文明的过程中，最先实现文明的"西方"理所当然地成为了所有国家的典范。

18 世纪的德国正是发生这种均质化的第一批国家之一，因此，德国古典主义哲学家认为，发展现代化的必然趋势就预示着世界将逐步走向均质化，而这种均质化的必然结果就是民族特征的消解和世界公民的出现。

这正是康德历史理性发展的终极目标，他与黑格尔一样，都是单线型历史观的典型代表。康德所设想的历史发展的终极目的就是形成一部完美的宪法。这部宪法不仅可以让人类自由地生活于公民社会之中，而且可以打破民族国家之间的藩篱，形成统一的政治生活模式，进而终结各种战争与争斗，实现永久的和平。康德认为，这才是人类理智发展的最高要求，也是世界历史发展的终极目的。

与康德稍有不同，黑格尔认为，人类历史发展的终极目的是实现人类精神的绝对自由。精神当且仅当以其自身为对象，完全扬弃自身，回复到自身时，它才能实现绝对自由。历史的发展正是由这种精神的不断自觉所推动的。

黑格尔进一步指出，精神发展的结果在不同的历史时期会集中体现在不同的民族文化中。东方民族体现着人类精神发展的初级阶段成果，最高的精神发展成果则体现在西方民族那里。在西方民族那里实现了精神的绝对自由。因此，西方民族所代表的是整个人类历史发展的总体方向，理应成为其他所有民族的典范。

尽管康德与黑格尔所设定的人类历史发展的终极目的并不完全相同，但从总体上而言，持单线型历史观的德国古典主义哲学家们，基本都相信

---

①［德］黑格尔：《历史哲学》，王造时译，上海书店，2006 年版，第 8 页。黑格尔的这部著作堪称单线型历史观的巅峰之作。

人类的“理性”是历史发展的唯一决定性因素。

这里需要说明的是，虽然康德所讲的“理性”与黑格尔所讲的“理性”在概念含义上存在差异，康德的“理性”更接近于黑格尔的“精神”，但两者都承认存在一种普遍的、自在自为的理智活动能力，这是人类自身的创造性力量。它不同于自发的有机力量，是人类经过启蒙后获得的独立运用自己理智的能力。[①]

历史的发展是人类精神（或理性）的外在显现。既然这种精神是普遍的，那么，由它决定的历史进程就是单一的，也是合目的性的。因此，无论是康德的“完美宪法”还是黑格尔的“绝对精神”都是建立在理性主义，具体而言是思辨理性主义的基础之上的。

所谓思辨理性主义是启蒙理性主义的进一步发展，是在相信永恒理性的认识力量的基础之上建立起来的概念体系，并把我们对世界的认识都放在这个概念体系中以概念推理的方式来完成。

通常认为，“概念”是理性的最高表现形式，因此，思辨理性主义也就成为理性主义的最高形态。在思辨理性主义的框架下，几乎所有问题都可以放入一个概念体系中，通过逻辑推导的方式来实现，其中也包括人类历史发展问题。

在这样一种历史阐释框架中，人类历史是不断消解地缘性“他者”，形成均质性文明的过程。这种历史观在全球化的今天为越来越多人所推崇与信赖，福山正是在此基础上完成了《历史的终结》一书，他在此书中向我们描述了人类历史最终会随均质化过程的不断深入和扩展而走向终结。

由此可见，单线型历史观建立在思辨理性主义的基础之上，在这种历史观中，理性原则成为了解释和预测历史的唯一原则，按照理性原则发展的人类历史也因此是一个单一且合目的性的过程。

## 二、多线型历史观

几乎在单线型历史观形成的同时出现了另一种与之相对的历史观。这种历史观以有机原则为基础，认为每个民族都是不同的有机体，其历史进程也势必表现为多样的，所以，地缘性“他者”不仅不会消解，反而会形

① 参见康德的《什么是启蒙?》一文。

成多样的人类历史进程，因此，我们称之为多线型历史观。

持这种历史观的典型代表是德国的浪漫派。“1800 年左右被称为‘浪漫派’的，是当时聚集在施莱格尔兄弟周围的那些人。”[①] 吕迪格尔·萨弗兰斯基在《荣耀与丑闻——反思德国浪漫主义》中曾指出：“浪漫主义是一个时代。浪漫是一种不局限于一个时代的精神姿态。这种姿态在浪漫主义时代，获得其完满的表达，但不局限于此；浪漫存至今日。”[②]

如果要给浪漫下个定义，诺瓦利斯曾这样说：“当我给卑贱物一种崇高的意义，给寻常物一副神秘的模样，给已知物以未知物的庄重，给有限物一种无限的表象，我就将它们浪漫化了。”[③]

很多人把浪漫派视为反现代化的保守主义者。事实上，他们只是因为预见到现代化所带来的均质化必然后果，即民族特征的消解而产生了内在的民族文化焦虑的第一批知识分子。

正如上文所述，德国是被均质化的第一批国家之一，这些知识分子看到德意志民族的特征不断被现代化进程所消解，几乎出于本能地会产生民族文化消亡的焦虑。这种焦虑具体表现为两个方面：第一是对自己民族特征不断消解的担忧；第二是对自己民族在世界历史中所占地位的困惑。

为了解除这种内在焦虑，浪漫派针对德国古典主义哲学提出的单一理性原则提出了有机原则。在这种原则的基础上，民族被描述为独立的有机体，出现了“民族植物”、“民族动物”等概念。

那么，作为有机体的民族就同其他有机体一样，不仅会受到人类理性因素的制约，而且还要受到其他外在因素的制约。这些因素主要包括地缘、发展程度、文化谱系影响、周边交往模式影响等。

地缘因素又是其中主要的制约因素。生活在不同地理环境和气候条件下的民族具有不同的民族精神（风俗是其中重要的表现形式）。这种因素早在伏尔泰的《风俗论》中就被描写过。既然受到各种制约因素的不同影响，每个民族也就呈现出独一无二的特征，出现了多样的民族性。

---

①［德］吕迪格尔·萨弗兰斯基：《荣耀与丑闻——反思德国浪漫主义》，卫茂平译，世纪出版集团/上海人民出版社，2014 年版，第 11 页。

②［德］吕迪格尔·萨弗兰斯基：《荣耀与丑闻——反思德国浪漫主义》，卫茂平译，世纪出版集团/上海人民出版社，2014 年版，第 12 页。

③［德］吕迪格尔·萨弗兰斯基：《荣耀与丑闻——反思德国浪漫主义》，卫茂平译，世纪出版集团/上海人民出版社，2014 年版，第 13 页。

进一步来说，多样的民族特性又决定了人类历史是多向度的。浪漫派相信，民族自身的有机力量是推动民族历史发展的根本动力。不同民族所被赋予的有机力量不同，世界历史就不可能只按照一个方向前进，而必然呈现出多向度的发展趋势。

因此，与德国古典主义哲学家不同，浪漫派认为，人类历史不是一个消解民族特性、走向普遍统一的均质化过程，而是保存和发展民族特性、走向多样性的过程。

从这个意义上来说，浪漫主义是对启蒙理性主义的一种反叛，它反对启蒙理性主义的科学实证主义，反对用科学、技术和物理学等机械的知识范式来解释艺术、历史甚至人，它强调的是有机和灵性。

因此，可以说，思辨理性主义和浪漫主义是以启蒙理性主义为逻辑起点的两个相悖发展趋向，思辨理性主义走向了理性主义发展的极端，而浪漫主义则成为对理性主义的批判和补充。

多线型历史观为那些具有批判精神的西方知识分子和寻求民族独特性合法证明的后发民族知识分子群体提供了很好的理论支撑，其中也包括俄国的斯拉夫派。

如上所述，斯拉夫派正是在批判性反思西方所代表的现代文明和现代化道路的基础上，认为俄罗斯独特的灵性至上的精神传统是西方现代性的重要补充甚至拯救力量，因此，俄国应该沿着与西方不同的历史逻辑和历史脉络来发展，这是浪漫派历史观在后发型现代性国家中的直接体现和创造性使用。

时至今日，这两种历史观的对立仍表现在对全球化进程问题的理解上。通常认为，全球化的趋势是不可避免的，但它可以以不同的方式来推进："一种方式是全球生活的全面标准化。另一种方式是对民族差异和文化的细心保存——不仅保存民族的特性和特点，而且还保存民族的文明。"①第一种方式代表了单线型历史观，第二种方式则体现为多线型历史观。

作为 20 世纪的斯拉夫主义者索尔仁尼琴（尽管他更愿意称自己为民族主义者）对代表了两种历史观的全球化方式做出了如下评价："国际的标准化侵蚀和破坏了民族的自我认同。……国际化使人们脱离了所有的传

① ［英］约瑟夫·皮尔斯：《流放的灵魂——索尔仁尼琴》，张桂娜译，上海三联书店，2013 年版，第 301 页。

统。它就像完全剥夺了一个人的个性一样。也许，所剥夺的不仅是他们自己个人的个性，而且还有那种被称为人的灵性内核、灵性核心的东西。存在着一种关于世界统一体的幻象，正是它会对本土的文化带来这样的威胁。它只是一种虚幻的统一。"①

总之，与单线型历史观要在消除民族个性基础上建立起来"标准化"的统一不同，多线型历史观提供了一种全新的历史解释模式：没有普遍的均质文明，地缘性"他者"也不会消解，历史是每个民族有机体自然发展的过程，正因为如此，每个民族都应该持有自己独特的整体精神。

## 第二节　德国浪漫派先驱赫尔德及其文明有机论思想

上文提到，斯拉夫派的历史哲学思想可能受到德国浪漫派多线型历史观的影响。在讨论斯拉夫派历史哲学思想的根源问题时，大多数人都会追溯到弗里德里希·威廉·约瑟夫·冯·谢林（1775~1854）为止，认为他的自然哲学是斯拉夫派历史哲学思想的基础。

但我们在阅读谢林的自然哲学时却发现，在他的自然哲学体系中不仅包含浪漫主义的成分，同时也有思辨理性主义的成分。这种兼容性在整个德国唯心主义体系中是非常典型的。因此，斯拉夫派所继承的谢林自然哲学只是浪漫主义的那一半，或者具体来说，只是其中的有机论思想。

如果向前追溯谢林的有机论思想，就会发现在他之前还有一位思想家，而且他的思想可能对谢林的有机论思想影响很大，那就是约翰·哥特弗雷格·赫尔德（1744~1803）和他的文明有机体理论。

### 一、赫尔德其人

赫尔德在 18 世纪的启蒙运动中是一个很有个性的形象。他既是启蒙

① [英] 约瑟夫·皮尔斯：《流放的灵魂——索尔仁尼琴》，张桂娜译，上海三联书店，2013 年版，第 301 页。

运动的产物，同时又超越了启蒙运动，成为了浪漫主义运动的先驱。他是康德的学生，曾是“狂飙突进”运动的追随者，被称为“德国的卢梭”。后又因与康德的著名争论而饱受争议，最后落寞而终。

关于赫尔德尚有几点需要特别说明。第一，尽管赫尔德的声誉是建立在他对古典主义、理性主义以及对科学方法万能的信仰进行浪漫反抗这一事实之上，但他始终坚持启蒙运动中的人文主义、平等、博爱、世界主义和和平主义。正是在这个意义上来说，他既是启蒙运动的产物，同时又超越了启蒙运动。

第二，他的这种思想发展状况并非独一无二的，而是可以在与他同时代的其他一些思想家那里发现类似的情况。正如柏林所说，“在赫尔德登上舞台时，人们反对通过对理性主义和科学原则的应用重组知识和社会的活动正值高峰”，[①] 包括卢梭（和他那封致达朗贝尔的房东的书信）乃至康德都受到这种情绪的影响。

“尽管一条巨大的理智上的鸿沟把康德和赫尔德分开了，然而他们也共享着一个元素：追求精神的自主性，反对迷迷糊糊地跟着未经批判的教条（不管是神学的还是科学的）随波逐流，追求道德的独立性（不管是个人的还是群体的），尤其是道德的救赎。”[②]

赫尔德生活时代的德国，与法国、英国相比差异很大。它仍然是一个分裂、落后的国家。资本主义经济关系受到封建制度的严重束缚。现代性观念，如平等、自由、民主已经在英法等国的政治革命中实现时，在德国还只是停留在理论阶段。

正是在对当时德国社会现实的思考中，引发了德国的哲学革命，出现了德国古典哲学以及与之对应的浪漫主义。这在一定程度上也体现了西方内部的“分裂意识”，关于这个问题我们将在下一章进行详细阐释。

因此，在赫尔德那里，与俄罗斯的“西方”相对应的强势“他者”是英法等先于德国实现现代化的民族国家。换言之，他的文化民族主义在一定程度上是对这些先发型现代性国家及其所代表的“进步的”现代文化的一种回应。

首先，他批判法国的高雅艺术：在他 1769 年所写的回信中我们看到

---

①② ［英］以赛亚·柏林：《启蒙的三个批评者》，马寅卯、郑想译，译林出版社，2014 年版，第 186 页。

这种倾向的模糊状态："巴黎高雅而华丽，是艺术和科学机构的中心。然而，由于高雅只不过是对美的事物最低级的鉴赏，华丽只不过是外表，而且常常是取代美的事物的东西，因此法国永远不能使我得到充分的满足，我对这些已感厌倦。"[①]

赫尔德对于法国文化的评价深受卢梭的影响。卢梭认为，高雅的艺术形式中掺杂了更多的不自然成分，这与出于本能冲动而进行的原始创作相比要低级得多。

换言之，赫尔德与卢梭都认为，人类最古老的东西就是最真实、最可贵的。在这个问题上，他们与近代进化论者的观念恰好相反。后者认为，人类发展的较晚阶段要比较早阶段更加优越。

从这个意义上来讲，德国民族文学虽不及法国文学高雅，但却更为真实，也就较之法国文学更加优越。当然，这种对德国文学艺术优越性的强调，可能部分是由于德国在现代化进程中的劣势导致赫尔德强调其在文化上的优越性。

其次，赫尔德强调文学自主性，反对模仿古典文学："让我们当独特的作家吧；让我们有点创造性吧；让我们用自己的语言为自己的人民写东西吧；至于我们是否合乎古典规范，让我们留给后世去判断吧。"强调自主性也是他的文明有机论的核心观念之一。

最后，在这种自主性观念影响下，赫尔德进行着与西方主流思想不同的思想创造，以赛亚·柏林在《维科与赫尔德》中就指出了赫尔德三个原创性概念：民粹主义（Populism）、表现主义（Expressionism）和多元主义（Pluralism）。

罗杰·豪舍尔在为《反潮流：观念史论文集》所写的序言中概括了这三个概念的基本内涵："首先是民粹主义，或相信只有当人们属于一个以传统、语言、习俗、共同的历史记忆为根基的单一群体或文化时，他们才能达到充分自我实现的信念；其次是表现主义，认为人类的所有作品'首先是言语的声音'，是表达或交流的形式，它们包含着一种完整的人生观；最后是多元主义，它承认文化和价值系统具有潜在的无限多样性，它们有着同样的终极的价值，没有相互衡量的共同标准，这使得以下信念没有逻

① [美] 汤普森：《历史著作史》（下卷，第三分册），谢德风译，商务印书馆，1996年版，第182页。

辑上的连贯性：有一条达到人类完美的普遍正确的理想道路，所有的人、所有的地方和时代都在寻找这条道路，只是成功的程度各有不同。”①

罗杰·豪舍尔还从观念史的角度对这三个概念进行了评价：“这些观念不但在他那个时代极为新颖，并且时至今日仍然活力十足。这三个观念都与西方源远流长的主流传统背道而驰，而且和启蒙运动的中心价值和关键信条格格不入，无论是道德的、历史的还是美学的。”②

需要指出的是，虽然赫尔德的思想是具有创造性的，但在很大程度上也深受康德、哈曼、卢梭等人的直接影响。与此同时，正是由于赫尔德的思想与西方主流思想传统背道而驰，所以，他的思想在当时的西方影响不大，但却在斯拉夫世界等非西方民族那里产生了超乎预料的影响。

一方面，赫尔德的文化民族主义及其核心概念极大地改变了人们对于自己民族传统文化的忽视和轻视态度，促进了一些非西方民族对于传统语言、神话、民歌等的发掘和整理工作。但从另一方面来讲，这也有可能导致蒙昧主义等倒退倾向的出现。也正是在这个问题上，赫尔德饱受争议和批判。

总之，赫尔德是启蒙运动的产物，他的思想极具批判性和创造性，也正是由于这种批判性思想，使其可以超越启蒙运动，成为浪漫主义的先驱，提出了文明有机论的思想，并在世界思想史上产生了重要而深刻的影响。

## 二、赫尔德的文明有机论思想

如上文所述，赫尔德在面对英法等国因现代化而出现的经济优势时，通过强调德国乃至其他后发型现代性国家的文化优越性和文化多元性来进行回应。

与此同时，赫尔德提出了“历史的规律就是文化的规律”。在他的观念中，历史与文化具有同一性，历史就是一个民族文化符号化的结果。这种独特的文明有机论思想为理解历史提供了一种新的可能和角度。

赫尔德的文明有机论思想最全面地体现在《人类历史哲学观念》中，但因该书尚未出现中译本，所以文中所引观点大多来自《反纯粹理性》一

①② [英] 以赛亚·柏林：《反潮流：观念史论文集》，冯克利译，译林出版社，2002 年版，第 26 页。

书。我们从《反纯粹理性》一书中可以看出，赫尔德的文明有机论理论大致包含以下几个方面的内容：

第一，文化具有多元性和可塑性。这两个方面是密切相关的，且都反映了“历史的规律就是文化的规律”这一独特的历史观。

赫尔德指出，“自然赋予了我们不同的倾向，有一些倾向是我们所容易获得的，它们随后便成为了我们的本性”。由于不同民族具有不同的本性，所以才会出现不同的文化，也就符号化为不同的历史发展历程。

因此，每个民族的历史都与一定的目的相联系而表现出人性的不同方面，而且每个民族特定的目的都在神的计划之中，这个计划必在人类掌握之外，不可能被人类的理性所参透和领悟，更不是由人类的理性所决定。

因此，历史的意义不在于“普遍的理性”，而恰恰在于“按照他们自己喜欢的方式塑造自己的生活”，换言之，“历史是不断塑造人性的过程”。

人性的不确定性和可塑性成就了历史和文化表现上的多样性。与此同时，人性作为人之所以为人的基本属性，又将各个民族的历史联系起来，构成了人类历史的有机整体。

作为这个有机整体的一部分，每个民族的历史又是一个独立的有机体，因此，人类历史就会表现为不同民族沿着不同的历史轨迹发展，但其最终的方向和目标却是同一的，这是在统一的历史进程中表现出来的多样性。

第二，在承认文化的多元性和可塑性的基础之上，赫尔德进一步发展出了文化等值论。

赫尔德认为，自然赋予不同的民族以不同的倾向和个性，这是神意有目的的安排。每个民族的历史和文化正是与某个确定的目的联系在一起的自我发展过程。

因此，各个民族在自我发展的过程中形成的不同的历史和文化便都是有价值的，是在整个人类文化的发展中不可或缺的。只是因为神对每个民族的安排不同，才会出现多样的文化和历史，但它们存在的价值是相同的。

第三，在承认文化等值的基础上，赫尔德进一步形成了反对“西方文化中心论”观点。

赫尔德是最早反对“欧洲中心论”的人之一，他反对欧洲文化在整个世界文化发展中占据主导地位的观念。

他指出："如果那些无知的欧洲人以启蒙运动、艺术和科学为荣，如果人们傲慢地鄙视世界的其他三个部分，那么这就是无聊的虚荣。欧洲人就像传说中的疯子，把港湾中的所有船、所有人类的发明都看作自己的，因为当他出生的时候，所有这些发明，所有这些传统都已经在他身边存在了。"因此，赫尔德主张各个民族及其文化都是平等和独立的，没有所谓的世界文化的中心。

总之，赫尔德以"文化与历史的同一性"为前提，通过阐释自然赋予每个民族以不同的个性为基点，提出了文化的多样性、等值性等观点，并以此为基础，批判了"西方文化中心论"的思想。

可以说，赫尔德文明有机论的思想更为直接地为那些具有批判精神的西方知识分子和寻求自主性现代化道路的非西方知识分子提供了重要的思想工具和理论基础，这其中也包括俄国的斯拉夫派。

## 第三节　斯拉夫派与文明有机论

如上文所述，在某种程度上，18 世纪的德国与 19 世纪的俄国在历史境遇上是相似的，它们都面临着西方文明圈（当然，后来的德国也成为西方文明圈的核心国家）或"强势他者"的扩张及全球化带来的文明均质化的威胁，因此，赫尔德的文明有机论虽然在当时的德国没有引起人们足够的重视和反响，但却在俄国及斯拉夫世界产生了深刻而广泛的影响。

### 一、赫尔德与斯拉夫世界的不解之缘

赫尔德被誉为"斯拉夫文化复兴之父"，他与斯拉夫民族之间有着特殊的历史渊源，主要表现为以下几个方面：

第一，赫尔德引发了斯拉夫各民族对本民族文化遗产的关注与挖掘。他曾在当时处于俄国沙皇统治下的里加生活过 5 年，在深入了解了斯拉夫民族文学和文化的基础上对其给予了高度的评价，这极大地激发了斯拉夫人搜集和整理自己民族文化遗产的热情，促成了斯拉夫民族文化的复兴。

"赫尔德在东欧斯拉夫民族间产生的影响也引发了历史、语言与风俗

方面的类似研究。他们特别强调字典的编撰，目的在于‘纯化’基本上属于农民的语言，使它成为民族文学的工具。”①

因此，费舍尔（A. Fischel）才说，“赫尔德是斯拉夫民族文化复兴真正的父亲”，“他是斯拉夫文化思想的缔造者”。

第二，赫尔德高度赞扬斯拉夫人的历史和文化。Hans Kohn 在《民族主义：它的意义和历史》（1955）一书的第三部分“民族主义与传统”中有如下叙述：“出生在东普鲁士王国的赫尔德憎恨普鲁士的军国主义而欣然接受了俄罗斯的统治（他在 1764~1769 年生活在里加，当时的里加属于沙俄统治）……他确信，热爱和平的斯拉夫农民身上体现了高尚而文明的民族生活，而不是德国人，德国是个崇尚武力的民族。”

因此，“赫尔德为斯拉夫人描绘了一个伟大的未来，而他对斯拉夫民族、语言和人民习俗的好感成为了 19 世纪初年轻斯拉夫知识分子正在觉醒的民族意识的强大动力”。

第三，赫尔德在俄国斯拉夫派形成之前半个世纪就指出了俄罗斯文化的特殊性和优越性。

他认为，俄国文化兼有东方民族文化的特质，是西方文化必要的补充和救赎。这与斯拉夫派所持的俄罗斯文化优越论是一致的。斯拉夫派始终认为，俄罗斯民族虽然在物质上是匮乏的，但在精神上却是强大的。它在未来可以拯救“腐败的西方”。

总之，赫尔德与斯拉夫民族之间存在着特殊渊源，他之所以如此青睐斯拉夫民族，当然与其自身的生活经历相关，但或许是他运用文明有机论思想进行历史—文化考察所得出的结论。

那么，他的思想是如何在俄国传播的，谢林是否在其中发挥了重要的中介作用，赫尔德与斯拉夫派之间到底存在怎样的思想联系，我们将在下面几节中详细讨论。

## 二、谢林：赫尔德与斯拉夫派之间可能的思想媒介

正如上文所述，人们在探寻斯拉夫派历史哲学思想产生的根源时通常

① 艾恺：《世界范围内的反现代化思潮——论文化守成主义》，贵州人民出版社，1991 年版，第 26 页。

会追溯到德国唯心主义哲学代表人物谢林那里，声称他的文明有机论观念对斯拉夫派产生了重要影响。

谢林在德国哲学史上的地位和影响远超过赫尔德，他被视为在康德和黑格尔之间的关键性人物，正如И.基列耶夫斯基在《俄罗斯与西方》中所述："费希特体系只发展了康德体系中的一个抽象方面，费希特通过建立惊人的三段论证明了整个外部世界只是想象的虚假幻影，实际上只存在唯一自我发展的绝对自我。从这里谢林发展了假说的另一个方面，也就是尽管外部世界确实是存在的，但是世界的灵魂就是作为人的自我，它在宇宙存在中发展的目的就是为了在人的身上意识到自我。黑格尔进一步发展了这种人的自我意识的自我发展系统。"黑格尔又进一步发展了谢林体系中思辨理性主义的方面，建立了纯粹的概念体系和辩证法，成就了德国唯心主义发展的顶峰。

但我们在上文也曾提到，早在他之前赫尔德已在《人类历史哲学观念》中对这个观念进行了完整的表述。赫尔德的这本书写作于1784~1792年，而谢林的那部《自然哲学体系初稿》完成于1798年，发表于1799年5月，因此，我们有理由相信，谢林的文明有机论思想在很多方面受到了赫尔德的影响。

谢林在他的《自然哲学体系初稿》中指出，"完善的自然理论应该将整个自然导向理性，那种被称为'死的自然'事实上只是不成熟的理性。当自然完全成为自己本身的客体的时候，它就达到自己的更高目标，也就是自然学会了反思，这种反思与人的反思毫无二致。似乎很清楚，自然从一开始就等同于我们习惯称之为理智原则或者是意识"。在这里已经体现了谢林浪漫主义思想特征，只是谢林很可能是在继承了赫尔德文明有机论思想的基础之上，与他固有的思辨理性主义相结合，才形成了他后来自然哲学体系中表现出来的二重性。

尼古拉·惠特曼对这种二重性的概括如下："自然中有普遍的有机体，但这个有机体没有有效的力量是不能被认识的。这种力量在有机原则中是需要的，有机原则不可能是盲目的，它是有目的的，它应该向目标引导，这个目标就包含在它的创造物中。"换言之，自然是个有机体，而且是普遍有机体的一部分，因此，人与自然具有同一性。这是典型的有机论思想。

但这个方面并不是最重要的方面，在谢林整个浪漫主义思想中最重要的观念当属“创造性”。自然同人一样受制于一种超验理性——理智原则。人与自然都来源于这个理智原则，理智创造了人和自然，人和自然也因此获得了“创造性”。

在这个体系中，思辨理性主义思想同浪漫主义思想是浑然一体的，只是在后来的发展和传播过程中却逐渐分离开来，其中的浪漫主义思想为斯拉夫派所发现并接受。

因此，从这个意义上来讲，谢林很有可能充当了赫尔德文明有机论思想在俄罗斯传播的媒介。他与俄罗斯思想界交流很广。别尔嘉耶夫曾经写道：“第一批俄国哲学家是谢林主义者，他们迷恋他的自然哲学和美学”，“俄罗斯人前去听谢林讲课，谢林很喜欢俄国人，并且信仰俄罗斯的弥赛亚说”。①

谢林对早期俄罗斯思想家也很熟悉，他与恰达耶夫相识，并对他评价很高。与俄罗斯著名的浪漫派文学家 B.Ф.奥多耶夫斯基也有过思想交流。他很有可能在与俄罗斯浪漫主义者的交往中将赫尔德的文明有机体理论带到了俄罗斯，后来为斯拉夫派所了解。

总之，一些证据表明，谢林的自然哲学思想中已经包含了文明有机论的某些核心观念，这很可能就是源自赫尔德及其《人类历史哲学观念》。由于他与俄国思想界之间的紧密联系，使文明有机论得以在俄国传播开来，并影响到了斯拉夫派历史哲学思想的形成。

## 三、赫尔德与斯拉夫派之间的观念接续

虽然目前我们仍没有找到直接证据可以证实斯拉夫派与赫尔德之间存在直接的思想交流，但通过上面两节的阐释，可以肯定的是，斯拉夫派的历史哲学思想确实受到了赫尔德文明有机论的影响。其理由大致包括以下几个方面：

第一，可以肯定的是，当时的爱智小组②成员和后来的斯拉夫派代表人物 И.B.基列耶夫斯基和柯什廖夫（1806~1883）都曾经阅读过赫尔德的

---

① [俄] 别尔嘉耶夫：《俄罗斯思想》，雷永生、邱守娟译，三联书店，1995 年版，第 30 页。

② 爱智小组也译为“爱好沉思小组”或“哲学协会”，俄文表述为“Общество любомудрия”，是活跃于 19 世纪 20 年代的哲学小组。

《人类历史哲学观念》。他们在柯什廖夫 1828 年 9 月 13 日写给基列耶夫斯基的信及 10 月 1 日基列耶夫斯基的回信中交流了阅读感受。[①]

两人在信中谈到，他们都很喜爱这部著作。柯什廖夫在信中还提到基列耶夫斯基曾经翻译过它。虽然这种说法并未被证实。但基列耶夫斯基本人直接承认了自己对它的认可。“我很高兴你喜欢这本书。”[②] 而且，霍米雅科夫也与这个小组成员关系密切，并且经常参与小组讨论。

第二，斯拉夫派主要成员能够对赫尔德文明有机论的核心概念——民族精神（即“Volkgeist”或“National Spirit”）进行创造性运用。

所谓“民族精神”，赫尔德虽未曾给它下过一个明确的定义，但他认为那是“一种活生生的有机力量——我不知道它从何时起源，也不知道它的本质，但它的确存在着，它是一种活生生的力量，这种力量使无序的同质事物形成有机单元”。我们或可把它理解为某种可以把一个民族有机体与其他民族有机体相区别的本质的东西。如上文所述，斯拉夫派始终在强调俄罗斯文明与西方文明之间存在根本性差异。在斯拉夫派看来，东正教就集中体现了这种差异，因而也是俄罗斯民族精神的核心[③]所在。

第三，在文明有机论的基础上，霍米雅科夫在其未完成的《世界历史札记》中提出了两种对立的历史发展原则：“库希特原则”和“伊朗原则”。

这两种原则究竟指的是什么呢？简单来说，库希特原则是指要顺从必然性法则，而伊朗原则崇尚自由创造精神。在霍米雅科夫看来，这两种原则是人类社会的两种基本心理类型，也造就了两种在本质上不同的社会类型。

霍米雅科夫认为，信仰库希特原则的民族，最具代表性的是现代的欧洲民族，通常表现出重视逻辑推理和分析能力，具有强烈的物质性追求和强大的国家形态等特征。

谈到信仰伊朗原则的民族，斯拉夫民族就是这样的民族典型，通常表现出强调整体认知能力、追求心灵自由和人们的自然联合等特征，因此，

---

① Киреевский И. В.，Полн. собр. соч.，1911. Т. 1.：11 – 14.

② Киреевский И. В.，Полн. собр. соч.，1911. Т. 1.：124.

③ 关于东正教的核心地位的论述很多，如基列耶夫斯基把“东正教、村社和专制制度”看作俄罗斯民族的精神基础，乃至俄罗斯宗教哲学中的“聚和性”原则。“聚和”（соборность）一词的词根是“教堂”（собор），它表明在东正教中人们在具有共同宗教生活的同时，每个人又可以同上帝直接对话，是一种个体之于集体中的自由。

这些民族的国家形态相对较弱。

强有力的国家形态就会产生强烈的暴力征服欲望。这也是欧洲文明同俄罗斯文明之间的本质性区别之一。

“库希特原则”和“伊朗原则”实质上反映了两种对立的历史观。前者把历史看作一种必然性过程，后者则把历史理解为不同民族有机体创造性的个性发展过程。显而易见的是，伊朗原则与赫尔德的文明有机论之间存在明显的“思想同构”。

第四，斯拉夫派与赫尔德一样批判西方艺术，反对西方文化中心主义。

斯拉夫派批判西方艺术创作中的形式主义。他们认为，这种形式主义源自对理性和古代的盲目崇拜。这导致西方的艺术陷入“僵死的形式”中。基列耶夫斯基曾经指出，西方的文学是“造作的精致，文法的庸俗、牵强，和随处可见的天才的畸形表现”。[①]

他们把真正的艺术创作视为民族精神的集中体现。“艺术家不是用自己个人的力量在创造，而是民族的精神力量在艺术家那里创造。”[②]

这种民族精神成为斯拉夫派力图在俄罗斯民族文化复兴中找寻的“生命之魂”。他们把这种民族精神视为俄罗斯民族几百年来的文化积淀，体现了俄罗斯独特的民族个性。这种批判也在一定程度上反映了对“西方文化中心论”的批判。

第五，在批判“西方文化中心论”的基础上，斯拉夫派提出了他们的新的文化诉求。同赫尔德一样，斯拉夫派呼唤着民族文化的复兴。要想实现这种复兴首先需要把民众的关注点和兴奋点从西方文化转移到俄国文化上来。

如基列耶夫斯基所认定的，俄罗斯文学如果“不与我们的生活息息相关，而是同异国的客厅紧密相连”的话，那么，它将面临灭顶之灾。[③] 指出西方文化已经出现的精神危机是实现这种关注点转移的必要手段。

在斯拉夫派看来，整个西方的文学、艺术乃至社会都陷入巨大的精神危机之中。造成这种危机的根本原因是真正信仰的缺失。内在信仰维度的缺失导致艺术创作中创造力的丧失。丧失了创造力的艺术作品是没有生命力的。

---

① Киреевский И.В.，Избранные статьи，М.，1984：66.

② Хомяков А.С.，О старом и новом，М.，1998：137–138.

③ Киреевский И.В.，Избранные статьи.，М.，1984：184.

总之，从以上推断来看，赫尔德与斯拉夫派之间应当存在着某种关联。但时至今日，笔者尚没有找到可以证实这种关联的直接证据，因此，赫尔德之于俄罗斯，变成了一种没有肉身的“赫尔德幽灵”，但他的文明有机论思想却在俄国传播开来，形成了一条影响深远的思想发展脉络。

## 第四节　文明有机论在俄国的传播与发展

如上文所述，赫尔德的有机论思想在德国没有得到很好的发展，却受到了俄国思想界的欢迎。18 世纪俄国主要的启蒙思想家，如卡拉姆津等都很熟悉他的文明有机论思想。赫尔德作品在斯拉夫国家中出版，既有德语版的原文，又有译本。

文明有机理论在俄国思想史发展中的一个重要环节正是斯拉夫派，通过斯拉夫派，有机论思想在彼得拉舍夫斯基小组得到了广泛的传播。在这个小组里有 Н.Я.丹尼列夫斯基（1822~1885）、格里高利耶夫、陀思妥耶夫斯基等，这些人在 19 世纪 60 年代形成了非斯拉夫派的思想流派，被称为“土壤派”，也称为“根基派”。其中的丹尼列夫斯基成为文明有机论在俄国传播的关键人物。

有些学者认为，丹尼列夫斯基是 19 世纪最后一位具有鲜明的俄国哲学思想的斯拉夫流派的代表人物。作为生物学专业出身的丹尼列夫斯基，继承了斯拉夫派的有机论思想而形成了自己独特的“文明史观”，并在国内外产生了深远的影响，这种影响主要表现在以下几个方面：

第一，丹尼列夫斯基在《俄罗斯与欧洲：论斯拉夫世界与日耳曼—罗曼世界文化政治关系》一书中首先按照文明有机论的基本观点，把世界历史划分为十个主要的文化—历史类型：埃及、中国、亚述—巴比伦—腓尼基、印度、伊朗、犹太、希腊、罗马、新闪族（阿拉伯）和罗曼—日耳曼。

每个文化—历史类型都是一个独特的“历史单细胞体”，即作为一个内部自我封闭和自我发展的有机体。它们的载体是自然地、历史地形成的人群，因此，每个历史单细胞体的独特性是由自然的民族因素所决定的。

第二，在此基础上，丹尼列夫斯基推翻了一个存在于欧洲和俄罗斯的共同偏见，那就是文化只有一个，这是一个不间断的文化，保留在欧洲，所有以前的和其他民族的文化都要为了人类共同的文化而牺牲自己的民族文化。

这个偏见很可能来源于对赫尔德有机论思想的误解。赫尔德认为，各个民族的发展构成了一个完整的链条，链条上的每一节都连接着过去和将来。每个民族都利用前人的成就并为后来者做准备。现在的人类继承了所有前人所创造的。赫尔德所提出的“人类和它的文化不间断的进步”几乎一直到20世纪初都是文化哲学中的公理。

但需要指出的是，赫尔德所说的这种“不间断的进步”是整体的进步，与单个民族文化的有机发展论并不矛盾。正如我们上文所指出的，人类历史的发展是个有机整体，每个民族有机体是其中不可或缺的部分，但也是各自独立的有机体。

丹尼列夫斯基认为，文明不会从一种类型传递给另一种类型，因此，并不存在某种持续进步的文化。与之相对，也不存在没有进步的、始终停滞不前的地区和国家。

第三，丹尼列夫斯基在推翻了“欧洲文化具有唯一合法性”的观念基础之上，指出任何一个民族的文化都是合法的，都有权独立发展，都是一个独立的有机体，“都要经历形成、发展、成熟、老化和死亡”。没有一个民族可以例外，其中也包括西方各民族，换言之，西方也会没落，直至死亡。

他把历史文化个体的生命历程分为三个阶段：古代或人种阶段、国家阶段和文明阶段。第一个阶段是准备阶段，最后一个阶段则是消耗能量并最终走向衰竭的阶段。

丹尼列夫斯基把其生命历程与多年生单株结果植物的生长相比较，认为每个历史文化个体的生长期可能时间长短不同，但花期和结果期却相当短暂并且一次就耗尽了所有的生命力。①

第四，这种文明观被1922年的“哲学船”带到了俄罗斯侨民圈中，并在那里酝酿为“俄罗斯的第三条历史道路”——欧亚主义。

欧亚主义的先驱特鲁别茨柯依在《欧洲与人类》中同样否定了欧洲文

① Данилевский Н.Я.， Россия и Европа.， Взгляд на культурные и политические отношения Славянского мира к Германо-романскому.6-ое издание. СПб.： Издательство С.-Петербургского университета， Издательство Глагол， 1995： 77-78.

化的唯一合法性，他写道："欧洲文化并不是人类文化。它只是某个确定人类群体的历史结果"，这是一种"自我中心主义的学说"。

欧亚主义者针对"欧洲"的概念提出了"欧亚洲"的概念。这个概念第一次为萨维茨基在1921年发表的《欧洲与欧亚洲》中所使用，他除了赋予这个术语以地理学意义之外，更强调了它独特的历史文化特征。欧亚洲同欧洲一样，也是某些具有共同信仰、世界观、习俗等历史文化特征的人类群体的活动舞台。关于欧亚主义，我们在第五章中会详细阐释。

第五，在丹尼列夫斯基文明有机论的影响之下，西方开始反思自己的单线型历史观。1918年，斯宾格勒在《西方的没落》一书中谴责流行于西方的把历史简化为古代、中世纪和近代阶段的狭隘的历史观，他坚持用"大量强大文化的戏剧性场面"来替代"历史直线式发展的空洞虚构"。

斯宾格勒富于洞见地指出了在西方社会中居于主流的历史观所存在的致命缺陷：其一是它的局限性，其二是它的虚假性。他指出，西方划分历史的方式是建立在西方经验的基础之上的，因此，它只能适用于西方，而不适用于西方之外的世界。

如果西方以这种历史观作为评判非西方世界历史的标准，那么，它所得出的"单线型"历史发展模式就不是真实的。换言之，这完全是在西方"自我中心主义"视角下产生的"虚构的历史"。

需要指出的一点是，"西方的衰落"这一主题在斯宾格勒之后被越来越多的学者所接受和认同。亨廷顿认为，西方支配力量的顶峰出现在20世纪20年代，在此之后，西方在与其他文明力量的对比中逐渐衰落下去。这种衰落主要表现在领土和人口的相对缩减、经济产值的相对下降和军事能力的相对减弱等方面。

伴随着西方的衰落，非西方文明则迎来了经济快速增长和人口迅速膨胀的时期，这更进一步削弱了西方在世界各个文明之间力量对比中的地位和作用，却反过来促进了非西方文明的自信和对自己民族文化独特性的申张。

几十年后，汤因比也同样批评了西方"自我中心的错觉"以及它的"狭隘和傲慢"。他不愿承认"只存在着一条文明之河，那就是我们自己的，所有其他的文明之河都或者从属于它，或者消失在荒漠之中"。

在汤因比之后又过了50年，布罗代尔继续强调西方需要理解"世界上伟大的文化冲突和世界文明的多样性"，而不应继续生活在错觉和偏见之中。

因此，我们认为，赫尔德文明有机论的思想非常可能是通过斯拉夫派影响了丹尼列夫斯基，后者在此基础上形成了历史有机论，并在俄国国内和西方世界产生了深远的影响。

我们在这里描述的这条思想谱系可能会引来一些质疑和争论，尤其是当我们尚未找到斯拉夫派与赫尔德进行思想交流的直接证据之前更是如此。因此，我们在此只是希望提供一种解读这段思想史的可能描述方式和视角，以期引起更多感兴趣的学者关注这一问题。

## 本章小结

本章重点检讨了两种对立的历史观：单线型历史观和多线型历史观，并着重分析了它们不同的哲学思想基础，即思辨理性主义和浪漫主义。从这两种历史观的视角出发，斯拉夫派和西方派所认同的分别是多线型历史观和单线型历史观。

沿着斯拉夫派历史哲学思想向上追溯可以发现在谢林之前的赫尔德及其文明有机论思想。谢林很有可能是这种思想在俄国传播的重要中介之一。

与此同时，如果沿着文明有机论的思想向下追溯，可以发现丹尼列夫斯基及其文明史观，这种思想极大地影响了西方划分历史的观念和方式。

# 第四章　分裂的宿命：从黑格尔的主奴关系辩证法看俄罗斯的分裂意识

如上文所述，俄罗斯文明圈在面对西方文明圈的解构和冲击时，出现了社会大分裂肇始——斯拉夫派与西方派的大争论，这种分裂进一步体现为俄罗斯意识本身的分裂。本章将以黑格尔在《精神现象学》中提出的主奴关系辩证法为分析框架，审视和检讨俄罗斯分裂意识产生的根源乃至宿命。需要强调的是，这里所说的“分裂意识”不是分裂主义，不表示国家和民族的分裂，而是哲学意义上的、意识领域中的一种精神现象。

## 第一节　黑格尔的主奴关系辩证法

正如上文所述，黑格尔是德国思辨理性主义的巅峰，他的历史观更是单线型历史观最为集中的体现。虽然黑格尔在当代世界可能过时了，但其主奴关系辩证法本身却没有丧失生命力，它被“翻译”为不同的解释模式。借用这一解释模式对俄罗斯意识进行分析可以获得更为深刻和透彻的阐释和意义。

### 一、黑格尔主奴关系辩证法及其当代“翻译”版本

黑格尔在《精神现象学》中提出了“分裂意识”这个概念，它是指“这个苦恼的自身分裂为二的意识，因为它的本质的这种矛盾是包含在一

个意识里，于是在一个意识里必定永远也有另外一个意识”。[①]

黑格尔进一步指出分裂意识产生的根源，“那另一意识（奴隶）扬弃了他自己的自为存在或独立性，而他本身所作的正是主人对他所要作的事”。[②] 换言之，奴隶在反观自身时始终能够意识到主人的存在而又不能扬弃它，因此，主人的存在是奴隶产生分裂意识的根源。

由此可见，黑格尔主奴关系辩证法主要包含三个层面的内涵：第一，在这个意识框架中包含两个意识，即自我与他者；第二，这两个意识是不平等的，自我是未被承认的奴隶，他者是获得承认的主人；第三，主人与奴隶之间的关系是可以发生对置的。实现这种转变的关键是结束分裂意识。要想结束分裂意识就必须获得主人的承认。但在此之前，奴隶始终会表现为一种分裂意识。

虽然黑格尔在当代世界可能过时了，但主奴关系辩证法本身却没有丧失生命力，它被“翻译”为不同的现实解释模式。

在社会学家伊曼纽尔·沃勒斯坦那里，它被解读为“中心—边缘”的世界经济体系结构。

在S.N.艾森斯塔特那里，这种经济体系的“中心—边缘”结构模式被进一步解读为社会结构的分化模式。

在政治学家弗朗西斯·福山那里，它被解读为人类社会实现普遍民主自由的根本动机，历史也会因此走向终结。

在法兰克福学派的代表人物阿克赛尔·霍耐特那里，它被解读为主体间冲突的主要伦理动机；法国思想家巴塔耶也通过改写它而“铸就了自己的思想基石”。[③]

主奴关系辩证法的生命力一方面可能来源于它是一种隐喻性的意识框架，另一方面也可能来源于黑格尔在现代化问题上表现出来的相当敏锐的历史直觉和深刻的洞察力。

事实上，黑格尔关于“主奴关系”以及“分裂意识”的论述虽然近似概念式的隐喻，但在解读俄罗斯意识时却显示出惊人的准确性。

---

① ［德］黑格尔：《精神现象学》，王造时译，商务印书馆，1981年版，第140页。

② ［德］黑格尔：《精神现象学》，王造时译，商务印书馆，1981年版，第128页。

③ 张生：《从寻求“承认”到成为“至尊”——论巴塔耶通过科耶夫对黑格尔的主奴思想的吸收》，《现代哲学》，2011年第4期，第22页。

如上文所述，作为“尚未完成的民族”，俄罗斯在其发展中一向受到难以统一的对立意识的困扰，这个现象按照黑格尔在《精神现象学》中的说法，正是“奴隶的苦恼意识”的表现。

简言之，“奴隶”的苦恼就在于它始终要面对一个“强势他者”而无法拥有一个自主性的“自我”人格。进一步来说，这种看似向壁虚构的概念性隐喻其实也适用于其他与俄罗斯类似的后发型现代性国家。

通常认为，现代化的一个重要特征是各个民族之间的经济联系较之前现代社会更加密切。经济的这种整合能力使世界上的大多数民族进入到统一的经济体系中来，而现代国家之间的经济竞争决定了它的基本格局：西方凭借自身的原发优势在其中占据支配地位，俄罗斯等后发型国家则处于被支配地位，或借用沃勒斯坦的术语来说，西方是世界经济体系的“中心”，而其他民族则是半边缘或边缘国家。“西方”这个地缘性术语也因此获得了“强势他者”的含义。

总之，透过黑格尔的主奴关系分析框架可以看出，在现代性语境中，“西方”因其在现代化过程中的先发优势成为了包括俄罗斯在内的所有转型国家的“强势他者”，换言之，作为“强势他者”的“西方”的存在是俄罗斯等转型国家分裂意识产生的根源所在。

## 二、“主奴关系”的现代性语境

正如上文所述，黑格尔的主奴关系辩证法之所以保持了历久弥新的生命力和解释力，很大程度上是由于黑格尔对现代性问题敏锐的历史洞察力。反之，透过“主奴关系”的现代性语境重新考察原发型和后发型现代性国家，也使其获得了新的阐释维度。关于“主奴关系”的现代性语境，需要做以下几点说明：

第一，黑格尔在谈到自我意识的形成时指出，“自我意识只有在一个别的自我意识中才能获得它的满足”。[①]“一个别的自我意识”是确立自我意识的必要参照系。自我意识需要通过与这个参照系进行比对，扬弃差异，从而返回到自身中来。

在主奴关系中，主人是奴隶的恒常参照系。奴隶在与这个参照系进行

① [德] 黑格尔：《精神现象学》，王造时译，商务印书馆，1981 年版，第 121 页。

比对时，始终不能扬弃自身与主人之间存在的差异。这种差异在黑格尔看来更多地体现为伦理学意义上的差异，因此，奴隶是始终未能确立自我意识的存在。

在现代世界体系中，原发型与后发型现代性国家之间的结构关系构成了“主奴关系”的现代性语境。后发型现代性国家一直把原发型现代性国家看作自己的恒常参照系。原发型现代性国家从未把后发型现代性国家看作自己的参照系，甚至几乎从未考虑过后发型现代性国家。

按照主奴关系辩证法，作为“强势他者”存在的“西方”是“主人”，而俄罗斯等后发型现代性国家在这个意义上是尚未扬弃“强势他者”，成为与“主人”平等的“奴隶”。

需要强调的是，这里的“主奴关系”并非法律上的不平等。相反地，这两种类型的国家在法律上完全平等。我们所说的不平等是意识上的不平等。

第二，在现代性语境中，原发型现代性国家参照系在不同的历史阶段发生过改变。在现代化初期，最早实现第一次工业革命的英国成为了其他西欧国家的参照系。随着西欧国家相继实现现代化，这些国家构成了一个新的国家共同体。全球化进程的进一步推进使这个国家共同体成为了世界上其他国家的参照系。这就是斯拉夫派和西方派口中的“西方”。

1945 年以后的原发型现代性国家参照系发生了一些调整。率先完成第二次工业革命的美国在“西方”参照系中逐渐取代了西欧的主导地位。正如沃勒斯坦所言，“尽管美国自视其历史远离世界，尤其远离欧洲，但它的自我界定实际上总是以世界作为参照系。相反，世界其他各国在近 200 年来也总是关注美国的发展”。①

第三，按照沃勒斯坦的说法，由于资本主义所固有的扩张性，世界上几乎所有国家都必然会进入到资本主义世界经济体系中来，并在其中占有不同的结构位置。

原发型现代性国家（或先进国家）是中心国家，处于支配地位；后发型现代性国家是边缘或半边缘国家，处于被支配地位。这种结构性位置决定了资源和剩余价值的分配方式。资本主义生产的剩余价值必然从边缘国

① [美] 伊曼纽尔·沃勒斯坦：《沃勒斯坦精粹》，黄光耀、洪霞译，南京大学出版社，2003 年版，第 451 页。

家流向中心国家。

与此同时，随着西方先进的科学技术和民主政治理念在全球化进程中获得的普遍传播，边缘国家逐渐意识到这个体系对于它们而言是不公正的。因此要想获得较为有利的结构位置必然要摆脱当前受支配的“奴隶”地位，从边缘国家转变为中心国家。产生这种转变的动力除了经济因素外，更为重要的是与民族的自我意识相关。

第四，当这些后发型现代性国家对自己在现代世界体系中的结构位置有了明确的意识后，大多数国家会不甘心于自己的处境，梦想着实现“从边缘走向中心”。

在现代化的背景下，要实现“从边缘走向中心”的转变依赖于一个社会是否能成功地实现现代性的转型，即引入理性标准进行社会建构。这包括完成民主政治、市场经济、法制制度等基本要素的建构。

尽管俄罗斯自1700年彼得大帝时代开始就启动“由东方向西方的转向”，后又经叶卡捷琳娜二世“启蒙的真正春天”，但它的现代性转型只是局部性的。

许多构成现代性的基本要素并没有真正建构起来。1812年拿破仑军队进入莫斯科，[①] 让许多人见证了俄罗斯现代性转型的失败，促使他们反思俄罗斯的历史道路问题。后来的十二月党人是如此，斯拉夫派和西方派也是如此，那些思考俄罗斯历史道路选择问题的其他思想家亦是如此。

因此，可以说，由于俄罗斯在现代化过程中逐渐获得了迟到者的“处境意识”，在它的“自我意识”中存在着另一个意识，即作为“强势他者”的“西方”。这正是俄罗斯产生分裂意识的根源所在。以下我们将围绕俄罗斯的分裂意识进行详细论述。

## 第二节　两派论战：俄罗斯分裂意识的首次命名

如上文所述，在现代性语境下，俄罗斯逐渐获得了迟到者的“处境意

① 在卫国战争初期，法国军队曾长驱直入，占领莫斯科，后俄军经博罗季诺战役扭转战局并乘胜追击，进入巴黎。

识”，并因作为“强势他者”的西方的存在而产生了黑格尔所说的“分裂意识”。

换言之，如果存在俄罗斯意识的话，那么，它将始终表现为分裂意识。进一步来说，俄罗斯意识自1600年以降就处于分裂状态，只是在斯拉夫派和西方派论战之前，这种意识仍是潜在或不明确的。两派论战实现了对俄罗斯分裂意识的首次命名，使俄罗斯意识中这些模糊和潜在的东西变得清晰和明确起来。

## 一、何为俄罗斯意识

在俄国思想史中，“俄罗斯意识”[①] 是个出现频度很高的概念。自俄罗斯开启黄金时代[②]以后，几乎每个重要思想家都对它进行过评说，如恰达耶夫、陀思妥耶夫斯基、索洛维约夫、特鲁别茨柯依、别尔嘉耶夫、伊利因等。但就是这样一个重要问题，其讨论又似乎最不富于成果，直到今天“俄罗斯人对此问题并无明确答案”。[③] 这足以构成“俄罗斯意识”概念的正当性困惑。

但近来有学者指出，“俄罗斯意识”带来的困惑或许正体现了该意识的本质特征：“俄罗斯是个正在寻求其民族理念的尚未完成的民族，它不确定自己属于哪个民族，它相信要成为一个完成了的民族并在世界历史中扮演角色。”[④]

我们高度关注这个新的观察思路，它不再把“俄罗斯意识”当作业已完成了的僵死对象：俄罗斯是个“尚未完成的民族”，它正在寻求其民族理念，这同时意味着该理念尚在生成过程中。

在俄罗斯精神史中，处于“尚未”或“正在生成”状态的俄罗斯意识一向表现为关于历史发展道路的选择困惑。该困惑在俄罗斯文化诞生的婴

---

① 俄罗斯意识（俄文为 Русская Идея，对应的英文为 the Russian Idea），也可译为俄罗斯思想、俄罗斯理念等。

② 俄罗斯黄金时代是指19世纪俄罗斯文学艺术领域的“井喷”时期，主要表现在俄罗斯文学领域出现了一大批具有世界影响力而又充满了俄罗斯民族特色的文学家，比较有代表性的包括普希金、莱蒙托夫、屠格涅夫、托尔斯泰、陀思妥耶夫斯基直至后来的契科夫。

③ 贾泽林：《俄罗斯思想》，《读书》，1998年第7期，第99页。

④ 马寅卯：《俄罗斯理念：需要澄清的几个问题》，《浙江学刊》，2007年第5期，第24页。

儿期表现为“罗马还是君士坦丁堡?”的提问，从18世纪起则变身为“西方还是本土?”这个现代性主题——我们现今关注的绝大部分俄罗斯思想家对“俄罗斯意识”所做的论断，几乎都是在这个现代性语境下出现的。

以“俄罗斯”这个地理名称或群体名称作为某一种意识或观念的定语，首先会遇到一种方法论的挑战：假定将“俄罗斯意识”当作一个实然命题，即将其视为一种“是其所是”、具有原型的和等待发现的东西，其结果必定会令人失望。因为有多少思想家，就会形成对“俄罗斯意识”的多少种表述。

翻开近代俄罗斯精神史，这种差异化论述比比皆是，如陀思妥耶夫斯基认为俄罗斯意识是“我们民族所具有的世界上某种独一无二的意识的有机萌芽”，而这种意识是“不可言说的、无意识的并只能被深刻感受的，它源自人类的心灵”。

索洛维约夫认为，“民族的意识不是它自身在历史中是如何思考自己的，而是上帝在永恒中是如何思考它的”。

别尔嘉耶夫认为，“俄罗斯意识不是繁荣文化和强大帝国的意识，俄罗斯意识是上帝王国的末世论意识，为了实现它，俄罗斯应该培养神学的美德——信仰、希望与爱”。

伊利因则认为，“这种意识形成的是俄罗斯民族所固有的东西，是构成其美好力量的东西，是使其在上帝面前无愧和在其他所有民族中间独特的东西”。

欧亚主义者则主张俄罗斯意识的具体化理解，即把其视为“俄罗斯文化和国家的主体”（卡尔萨文）等。

由此可见，这些思想家大多将“俄罗斯意识”视为一个实然命题，因此在不断地感受它、猜想它、寻找它乃至实现它，这是造成长期以来俄罗斯意识研究限于停滞、成果不多的重要的方法论原因。

去除对俄罗斯意识之“现成性”的期待，我们就有可能完成一种“方法论转向”，即更多地将所谓“俄罗斯意识”当作一种“应然命题”，即关于俄罗斯“应该成为什么?”的陈述。一旦完成了这个方法论转向，上述那些关于“俄罗斯意识”的差异化论述立刻获得了重大的关注价值：它们代表了那些重要思想家对俄罗斯未来发展的期待，以及为建构这些期待所准备的全部理由。

也正是基于这种转变，我们进一步观察到以下几个事实：

第一，无论人们对“俄罗斯意识”的谈论充满怎样的差异，至少从1700年彼得大帝时代开始，这些谈论基本是以对立的或分裂的方式展开的。

这种分裂在19世纪上半叶莫斯科的知识分子沙龙首次得到正式命名，即“西方派与斯拉夫派”，它们构成了“俄罗斯意识”这枚硬币的正反面。

第二，这种分裂意识是俄罗斯独特的“现代性处境”所激发的精神现象，它们大都依托着特定的历史意识或历史观。这正是我们在上两章中重点讨论的问题。

第三，如果说认同“西方”所提示的是认同“普世文明”，而认同“斯拉夫”所提示的是认同“本土文明”，那么，两派命名中“西方”与“斯拉夫”就已不再是单纯的地缘性术语，隐藏在它们背后的正是这两种可能的文明归属。

因此，“广义上来说，斯拉夫派和西方派是俄国文化和思想里的两个永恒的趋势和流派，俄国社会里经常存在的两大立场”。① 两派论战对俄罗斯来说绝不仅是个延续约十年之久的思想事件，它已经转化为一个体现着**俄罗斯宿命的象征**。其含义在于：无论在该事件之前，还是在该事件之后，“西方的还是俄罗斯的？”都一直以极端分裂的方式出现在俄罗斯精神史，在相当程度上，我们可以称俄罗斯精神史为精神分裂史：如果真有一种意识叫作俄罗斯意识的话，那么，俄罗斯意识在除了苏联时期以外的300年间始终表现为分裂意识。

霍米雅科夫有一段话非常生动地勾画出了这个困扰着俄罗斯的幽灵：“在有教养阶层的思想和心灵深处隐藏着对俄国本身的怀疑病……不断地、情不自禁地与欧洲其他国家相比，于是越来越深地、痛苦地相信其他民族的优越性。”由此可见，俄罗斯产生分裂意识的根源就在于西方作为一个“强势他者”的存在。

总之，正如上文所述，俄罗斯文明圈在建构的同时也不可避免地经历着解构，俄罗斯民族的理念也相应地始终处于不断的建构中。与此同时，因为存在一个“强势他者”，在这种建构中民族意识又始终处于分裂状态，即或者认同“他者”，或者认同“自我”。

因此，俄罗斯意识在俄罗斯文明圈的建构—解构的双向运动中始终处于不断建构中，并表现为分裂的意识，而斯拉夫派与西方派的论战成为了

---

① [俄] 霍鲁日：《俄国哲学的主要观念》，张百春译，《俄罗斯文艺》，2010年第2期，第74页。

对这种分裂意识的首次命名。

## 二、早期的斯拉夫派与西方派之争

如上文所述，俄罗斯意识在除苏联时期之外的300年间都表现为分裂意识，而早在斯拉夫派与西方派论战前的16世纪就已出现过关于“东方”还是“西方”的历史道路选择之争，只是这种分裂意识尚未获得命名而处于一种潜在状态。

16世纪中期，在沙皇伊凡四世和库尔博斯基公爵之间曾爆发过一场书信之争。伊凡四世代表的是“东方意义的专制政权”，而库尔博斯基公爵则把自己塑造为“一位优雅的西方文化的代表”。[①] 这场书信之争表明，在统一的俄罗斯国家形成和发展之初，俄罗斯已经开始面临历史道路的选择困惑。

到了17世纪中叶，在俄罗斯出现了以大牧首尼康为代表的宗教改革派和以阿瓦库姆为首的旧礼仪派。宗教改革派与旧礼仪派之争是俄国教会史上的一次分裂事件，而且是影响深远的分裂事件。

尼康主张通过改革教会礼仪、修订经书等方式与整个东正教世界接轨，进而谋得基督教世界中心的位置，但阿瓦库姆则主张只有捍卫俄国传统宗教礼仪的神圣性和俄国古代文化传统的独特性，才能成为东正教世界的中心。

由此可见，宗教改革派与旧礼仪派之间表现出来的差异与斯拉夫派和西方派的分歧在根本上是平行的。两派论战的两个核心概念——普世性与自主性，已经成为当时的两种思潮，只是处于潜在状态。

这种分裂意识的潜在状态也表现在19世纪初的俄罗斯文学界。当时发生了一场关于俄罗斯文学语言和文学风格的争论。这点我们在上文关于斯拉夫派的命名时也有所谈及。

1811年，出现了一个以Г.Р.杰尔查文（1743~1816）、希什科夫等在彼得堡组成的文学团体——俄罗斯语言爱好座谈会（Беседа любителей

① Я.С.Луриье，Переписки Ивана с Курбским в общественной мысли древней Руси，Наука，М.，1993：214.

русского слова)。他们主张捍卫俄国文学语言的纯洁性，后于1816年因杰尔查文的离世而解散。他们持保守主义观点，是古典主义的模仿者，反对文学语言改革。

1815年，卡拉姆津等人组织了“阿尔扎玛斯社”（Армазас），与俄罗斯语言爱好者协会对立。“阿尔扎玛斯社”的全称是“阿尔扎玛斯无名朋友团体”（арзамасское общество безвестных друзей）。它是1815~1818年活动在彼得堡的一个文学团体。

团体主要成员包括B.A.茹科夫斯基（1783~1852）、屠格涅夫兄弟、普希金等。Армазас的名称取自K.H.巴丘什科夫（1787~1855）的讽刺性模仿作品，每位成员都从茹科夫斯基的叙事诗中选取一个诙谐的绰号，以此来讽刺他们论敌的拙劣模仿。

促成“阿尔扎玛斯社”各个成员联合的主要因素包括两个方面：第一个方面是他们都是接受了欧洲教育和自由主义思想的贵族青年（他们中的一些人参加过1812年卫国战争）；第二个方面是他们赞同卡拉姆津感伤主义和浪漫主义的文学与美学观念，主张进行文学语言改革。

卡拉姆津主张使俄国文学语言简化，创造一种“在书本里和社会上都适用的统一的文学语言，以便能像说话那样写作，像写作那样说话”。

别林斯基对这场争论的性质所作出的概括很深刻，他指出：“我们需要的不是词语，我们需要的是文明。”这样，俄罗斯语言爱好座谈会所反对的真正对象在别林斯基看来就是文明。与此对应，卡拉姆津等人所倡导的文学语言改革的真正目的就表现为接受欧洲教化。由此可见，这场表面看来只是文学语言问题的争论其实质却仍是“西方与俄罗斯”问题的延续。

由此可见，在斯拉夫派和西方派出现之前，认同“西方”还是认同“本土”的问题已经出现，而且表现在不同的社会层面上，无论是在政治、宗教还是文学层面都可以看到因这个问题而产生的争论乃至对立。

## 三、“文明”与“土壤”的分裂

如果说早期的斯拉夫派与西方派之争还只是在某个特定领域或特定团体中进行，其社会影响力较为有限，那么，在彼得大帝改革之后，俄国社会整体则分裂为“文明”与“土壤”两个对立的社会群体。

俄国历史学家 B.O.克柳切夫斯基（1841~1911）用“文明”与“土壤”这两个概念来描述彼得大帝改革以后出现的两种对立制度。

克柳切夫斯基曾指出，“在改革前的农村和新俄罗斯中产生的不是我国历史两个相邻的时期，而是两个相互敌对的风格和生活倾向，这种风格和倾向导致俄国社会的分化，并导致彼此间斗争，取代了他们本应和睦地与自己的共同的生活困难处境的斗争”。[①]

“土壤群体”的主要特点是在莫斯科时期形成的，他们遵循东正教和村社的传统和价值观。绝大多数俄国人都具有这些特点。它发展了民间文化最丰富的传统，培育了自己的秩序体系，保证了传统的连续性和生命力。

“文明群体”接受了彼得改革以来的西方模式，它主要由俄国贵族、知识分子和工业生产者来表达。他们深受西方文化的影响，大多讲法语，从服装到礼仪都模仿西方，并认为大多数俄国人仍是“留着长胡子、穿着不挂面子的大皮袍、讲着完全不懂的语言的‘半开化的’人”[②]或野蛮人。

在“土壤群体”和“文明群体”之间存在着极大的鸿沟。这不仅表现在语言差距上：“土壤群体”讲俄语，而“文明群体”讲法语；也表现在价值观上：“土壤群体”延续本土的传统文化，而“文明群体”则以学习和模仿西方为荣。

这就出现了这样一种相当不正常的情况：在一个国家内存在两个社会，它们有不同的价值观、理想，追求不同的发展道路，可以说，整个社会被“腰斩”了。

造成这种社会断层的主要原因可能在于彼得大帝改革后，“西方”作为文明典范的理念只在接受过西方教育的贵族阶层内化了。在没有真正接触过西方文化的俄国平民和农奴那里，改革始终是一种外在力量，强加在他们身上而始终没有实现内化。因此，社会的整体结构就出现了错位，甚至断层。

正如姚海所言，“如果我们注意到彼得改革所包含的矛盾及其对俄罗斯社会发展的影响，即贵族地位的欧化和农民处境的恶化、表面生活的西

---

① 参见张建华《冯维津命题与近代俄国知识分子的觉醒》注解 1。

② ［俄］赫尔岑：《往事与随想》，巴金、臧仲伦译，人民文学出版社，1993 年版，第 9 页。

方化和深层结构的东方化这种平行的反向运动。”[①] 由此形成了社会的两个断裂面：“文明”与“土壤”。

施宾格勒也曾在《西方的没落》中指出，“莫斯科没有自己固有的心灵。上层阶级的精神是‘西方的’，下层阶级所拥有的是‘乡村的’心灵。这两个世界之间，没有相互的了解，没有交往，也没有同情。要了解这一现象的代言人和牺牲者，只举两个人就足够了：陀思妥耶夫斯基是农民社会的代表，托尔斯泰是西方社会的代表。前者在心灵上绝对离不开那片土地，而后者无论怎样挣扎努力，也永不能接近这块土地。托尔斯泰是先前的俄罗斯，陀思妥耶夫斯基是未来的俄罗斯。”

简言之，俄国社会在彼得改革之后发生了分裂乃至断裂，出现了两种完全平行而并无交集的生活原则和理念追求，乡村成为保存俄罗斯传统文化的主要“土壤”，或俄罗斯文化的“根基”所在。

关于“乡村可能保留着文化根基”的问题，我国乡村散文家刘亮程在接受凤凰网文化频道专访时谈道：“我觉得我呈现的这种乡村的本色、朴实也好，或者大家认为的美，在中国乡村处处存在，中国乡村并没有毁坏到我们想象的那种程度。至少对乡村文化这一块，它没有被彻底毁坏，我们有些人可能不了解乡村，他们从媒体上看到一个又一个的古村落毁坏了，一片一片的古迹被开发商侵占，但是你真正深入到乡村以后，你发现那些乡村人，其实还在像我们古人一样的生活，那种儒家文化的体系在乡村里面还是非常完整的。”[②]

在这种“分裂”的社会大环境之下，受到西方思想影响的“文明”群体中的代表——斯拉夫派与西方派开始明确地意识到俄罗斯的现代性“处境”，并首次实现了对这种“分裂”状态的命名。

## 四、后论战时期的分裂

在斯拉夫派与西方派论战结束后的俄国历史上，“分裂”依然在持续：19 世纪下半期，出现了废除农奴制、发展资本主义的改革与平民知识分子反对发展资本主义的民粹主义运动的对立；1917 年二月革命后，

① 姚海：《俄国历史上斯拉夫派与西方派的争论》，《史学月刊》，1992 年第 3 期。

② 可参见凤凰网：http：//culture.ifeng.com/niandaifang/special/liuliangcheng/#pageTop.

俄国面临着两种选择：要么是建立与西方相同的资产阶级民主制度，要么是建立无产阶级的专政制度；苏联解体后，大西洋主义和当代欧亚主义的论战……

斯拉夫派与西方派的争论使19世纪中期几乎所有的文学大家都不同程度地介入进来，换句话说，几乎每位作家都经受了这次思想风暴的洗礼，[①] 俄国历史道路的选择问题也因此成为了19世纪文学创作的主题（屠格涅夫的《处女地》、《贵族之家》；陀思妥耶夫斯基的《群魔》等）。

在屠格涅夫的长篇小说《贵族之家》中，潘申的一段话表达了当时俄国社会这些"半个欧洲人"急切向"完整欧洲人"转变的倾向："俄国已经落在欧洲的后面，需要驱赶她向前。人们正说服我们相信自己还年轻，真是一派胡言！况且我们没有创造性。霍米雅科夫本人也承认我们连捕鼠器也想不出来。因此，我们身不由己，需要借鉴别人。莱蒙托夫说我们有病——我同意他的观点；然而我们有病，是因为我们身上只有一半成为了欧洲人；我们越是伤害自己，就越需要治疗。我们具有优秀的人物，他们早已确信这点了。实质上所有民族都是相同的。只要实行好的制度，就可万事大吉。人民的实际生活看来是可以适应的，这才是咱们要做的事，才是在职工作的人们要做的事。不过请别担心，在需要的时候制度会改造日常生活本身。"

这些人在俄国历史上被称为"多余人"的一代，这代人的基本精神特质是"分裂"。他们多数出身于俄国上层文明、优雅的环境之中，思想上接受了西方的贵族教育。接踵而至的新观念和新思想让他们兴奋昂扬，产生各种梦想，积极探索社会变革的道路。

但当时的环境却使他们不得不向现实让步：在专制压制下的俄国，所有这些改革的期望通常都化作一番空谈。屠格涅夫小说中的罗亭即是个很好的例子。

他一生都在高谈自由主义理想，但终其一生却一事无成，最后死在了异族的农民起义中。这是很有讽刺意味的。屠格涅夫本人由当初的十二月党人的领袖转变为主张渐进式变革的保守派，也是"多余人"在经历了痛苦的精神探索之后所做出的选择。

---

① 刘文飞：《阿伊诺斯或双头鹰——俄国文学和文化中的斯拉夫派和西方派的思想对峙》，中国社会科学出版社，2006年版，第23页。

十月革命后苏维埃政权的建立，使得这个问题暂时失去了现实性和必要性，类似的讨论也几乎销声匿迹。但应该指出的是，即使在 20 世纪 30~50 年代，对这个问题的思考仍然没有停止。

在赫鲁晓夫时期，开始解冻的文学界出现了一位“对俄罗斯民族传统的独特性保有崇敬之情”的索尔仁尼琴。同斯拉夫派一样，他强调俄罗斯民族独特的灵性传统，指出这是对抗西方消费主义和物质享乐对人类灵魂进行腐蚀的良药。

索尔仁尼琴认为，俄罗斯的灵性传统植根于东正教信仰，正如理查德·霍夫所言：“对于索尔仁尼琴来说，世界是一个被造的世界。它是一个可能还未完全实现的世界，因此，它超越自己指向它的灵性源头。对于索尔仁尼琴来说，这个世界必然是依赖性和参与性的，从那个自存的、永恒的存在汲取它的价值和意义。”①

到了 20 世纪 90 年代末，解体后的俄罗斯再次站到了历史的十字路口，人们再次迫切地回溯到两派争论中来，回溯到对历史道路选择问题进行讨论的原点上来。俄罗斯国内及国外不仅出版了大量两派成员的著作，而且研究两派论战的专著也相继面世。

亨廷顿在《文明的冲突与世界秩序的重建》一书中就曾指出，“冷战结束后，随着西方化主张者和斯拉夫文化优越论者之间传统冲突的再度出现，俄罗斯重新变成了一个‘无所适从的’国家。然而在十年里，当西方化的戈尔巴乔夫被具有俄罗斯风格和西方信仰的叶利钦所取代时，趋势也随之从西方化转为斯拉夫化，而后者又受到集中体现了俄罗斯东正教本土化的民族主义者的威胁”。②

与这一问题相关，当代欧亚主义者和欧洲大西洋主义者之间的争论再次出现。欧洲大西洋主义者认为，俄罗斯应该重视加强与欧盟、七国集团和北约等机构之间的联系，并应努力加入到这些机构中来。

与之相反，当代欧亚主义者与古典欧亚主义者一样，主张俄罗斯在欧亚大陆中的主导作用，强调要加强与中亚的经济和文化联系，甚至试图使

① [美] 约瑟夫·皮尔斯：《流放的灵魂——索尔仁尼琴》，张桂娜译，上海三联书店，2013 年版，第 203 页。

② [美] 塞缪尔·亨廷顿：《文明的冲突与世界秩序的重建》，周琪等译，新华出版社，2010 年版，第 45 页。

中亚五国与俄罗斯重新实现统一。

这再次表明，俄罗斯民族意识中的“分裂”和认同危机在后苏联时期的俄罗斯延续了下来。1996 年的调查结果似乎证实了这点。俄罗斯人中选择苏联模式和西方民主模式的支持者分别是 41%和 27%。这是对后苏联时期俄罗斯西方转向的一次反弹，“正如俄罗斯民族主义者亚历山大·索尔仁尼琴所说，西方价值观与文化的引入导致人们从传统的俄罗斯与斯拉夫价值不健康地分离”。①

所有这些事实似乎提示着，两派论战远未终结，仍在今日之俄罗斯延续着。放眼世界，类似的论战也在中国、日本等其他后发型现代性国家中屡见不鲜。

总之，俄国因紧邻欧洲较早受到西方现代文明的影响，自西方文明逐渐显现出优势以来便开始出现“分裂之殇”，从 16 世纪的书信之争，到土壤与文明的大分裂，再到“多余人”一代的出现，分裂意识成为俄罗斯民族意识不可分割的典型特征。

## 第三节　主奴关系框架下的“西方与俄罗斯”

如上所述，借用黑格尔的主奴关系辩证法来重新解读现代世界体系就会发现，西方在现代世界体系中扮演的正是“主人”的角色，而俄罗斯等后发型现代性国家则相对扮演着“奴隶”的角色。

因此，作为“强势他者”的西方的存在是俄罗斯分裂意识产生的根源，也是“俄罗斯与西方”问题产生的根源。反过来说，俄罗斯之所以能够提出“俄罗斯与西方”的问题，正是由于俄罗斯意识到了自己在世界体系中的这种“处境”。本节将在主奴关系辩证法的框架下重点分析“俄罗斯与西方”的问题。

① ［美］斯蒂芬·D.布瓦拉：《西化 VS 斯拉夫化：俄罗斯挣扎三百年》，昝涛译，《经济观察报书评》，2015 年 12 月 27 日。

# 一、俄罗斯与西方：自我与“强势他者”

在现代性世界体系中，后发型现代性国家处于世界体系边缘的地位，这恰好又让我们想到了这样一个事实：考证“slave”的词源可以发现，它源自拜占庭人对斯拉夫人的称呼。它提示着这样一个历史事实：中世纪时斯拉夫人曾被大批卖到欧洲做奴隶。①

俄罗斯在历史上曾有过这样一段奴隶史，在地域上相对于欧洲处于“边缘”地位，时间上相对于西欧和拜占庭这两个文明是“迟到”的，这是造成俄罗斯“奴隶意识”或“分裂意识”的根源。

事实上，俄罗斯只是在 17 世纪开始“由东方向西方的转向”时才逐渐获得关于自身处境的朦胧意识。这种处境意识经由 18 世纪彼得大帝的改革和叶卡捷琳娜二世“启蒙的真正春天”（普希金语）后开始表现得日益明确。

“彼得的政策是使俄罗斯帝国从一个俄罗斯东正教大一统国家变成现代西方世界的一个区域性国家，使俄国人自立于西方民族或西方化的民族之林。”② 1812 年卫国战争进一步强化了这种处境意识，引发了一种“不安的经验”。

“在俄国观念史上，战胜拿破仑、进军巴黎，与彼得改革是同等攸关重大的事情。经此二事，俄国知觉到她的民族统一，意识到自己是欧洲大国，而且已获承认为欧洲大国，不再是中国长城外面一群人口众多、久经鄙视、沉陷在中古黑暗里、半带热心而笨拙模仿外国范例的乌合蛮人。”③

这种“不安”导致十二月党人在 1825 年发动了武装起义，并最终在 19 世纪中期，即西方对俄国的影响已经持续了 300 多年后出现了斯拉夫派与西方派的对立。

“在这个漫长的过程中，基本发展线索一直是由两种因素之间的较量决定的。一方面是现代西方世界强大的技术力量，另一方面是俄国同样强

① 可参见 www.Word-origins.com 中关于“slave”一词的词源条目；关于斯拉夫人中世纪的奴隶史可参见朱立的《略论中世纪早期欧洲的奴隶贸易》，载《齐鲁学刊》，2000 年第 4 期。

②③［英］阿诺德·汤因比：《历史研究》，刘北成、郭小凌译，上海人民出版社，2005 年版，第 354 页。

烈的决心，即维护自己的独立，抗击一切外来者，把帝国扩大到中亚和东亚。西方的挑战激发起两种对立的反应。”①

换言之，正是这种处境意识，即意识到在自我之外存在一个作为“强势他者”的西方的存在，才是引发斯拉夫派与西方派论战的根本原因。

在这场论战中，“俄国与西方”的问题被尖锐地提了出来。它成为了俄国历史哲学的中心话题。要想解决民族的历史道路问题就不能回避俄罗斯与西方的关系问题。它甚至被赫尔岑称为“俄国生活中的斯芬克斯之谜”。

基列耶夫斯基也承认讨论这个问题的重要性：“今天几乎没有什么问题比俄国文明和西方文明的关系问题更重要的了。我们如何在我们的头脑中提出和解决这个问题不仅决定着我们文学的主要倾向，而且决定着我们整个思想活动的方向，决定着我们私人生活的意义和社会关系的特征。”②

进一步来说，“俄罗斯与西方”问题后来更演化为“东方与西方”的问题，从而具有了世界性意义。别尔嘉耶夫也曾写道：“俄国问题，俄国的自我意识和俄国救世主义问题，是东方与西方的问题，是个普遍性问题。这个问题是斯拉夫派留给我们的。”③

尽管“西方”作为“强势他者”的代表在德国文化民族主义（法国是相对的“非我族类”），如赫尔德的“文明有机论”中已经出现，但只有在斯拉夫主义这里它才第一次得到明确的一元论表述。

“斯拉夫主义的反应是世界上第一个使用‘西方世界’这个概念来代表‘非我族类’，作为议定本土文化时的一个相对照的反面存在。”④ 这种把“西方”作为“强势他者”代表的看法在当代世界依然有效，对其他后发型现代性国家产生了很大的影响。

总之，在现代化进程中，俄罗斯逐渐意识到自己在现代性世界中的“处境”，以及自己与西方之间的关系，并提出了“俄罗斯与西方”的问题。

---

① [英] 阿诺德·汤因比：《历史研究》，刘北成、郭小凌译，上海人民出版社，2005 年版，第 352 页。

② Киреевский И.В.，О характере просвещения Европы и о его отношении к просвещению России//Критика и эстетика，М.，1998：266.

③ [俄] Л.诺维科娃、И.希泽姆斯卡娅：《俄国历史哲学的范式》，子樱译，《哲学译丛》，1998 年第 3 期，第 33 页。原文出自别尔嘉耶夫的《A.C.霍米雅科夫》，莫斯科，1910 年，第 97 页。

④ 艾恺：《世界范围内的反现代化思潮——论文化守成主义》，贵州人民出版社，1991 年版，第 62 页。

透过主奴关系辩证法可以看出，这一问题的提出使很多后发型现代性国家开始意识到“西方”正是自己需要获得承认的“主人”，然而，让这些国家所始料不及的是，作为“强势他者”存在的“西方”本身却也是一个分裂的整体。

## 二、“西方”也是一个分裂的整体

如果我们把目光从俄罗斯转移到西欧，即恰达耶夫等人所推崇的“西方”，会发现俄罗斯所遭遇的分裂意识其实在“西方”也同样存在，它表现为启蒙理性与浪漫派之间的对立。关于这点，我们在单线型和多线型历史观一节中已有所提及，在此做一详细说明。

启蒙理性与浪漫派是西方在现代化之初便形成的两种对立的思想流派，而这两者的形成都与启蒙运动相关。通常认为，启蒙运动与人类的现代化进程直接相关。

把现代化与启蒙运动勾连起来是基于这样一种基本认识，即现代化的发生并不完全取决于经济因素，启蒙运动中表现出来的精神因素也是促进现代化形成与发展的重要因素。这些因素构成了现代性内涵的基本要素。那么，这些精神因素究竟是什么呢？这还要从启蒙运动本身说起。

关于什么是启蒙运动的讨论可谓汗牛充栋，观点更是大不相同。在此我们只能简单列举出几种不同的观点。其中影响较大的如康德的《答复这个问题：“什么是启蒙运动?”》。

康德对启蒙运动所下的定义是：“启蒙运动就是人类脱离自己所加之于自己的不成熟状态。”[①] 这种不成熟状态是由于人类懒惰和怯懦的天性造成的。当人类屈从于这种天性之下时，他便没有勇气和意愿去改变这种状态。只要人们没有改变，那么，他就会一直处于愚昧之中。

再如，新儒家的代表人物杜维明在《启蒙的反思》中将“启蒙”区分为三个方面：“第一，启蒙是一个历史现象，可以说它首先是一个文化运动，但是因为它的推动导致科学技术的发展，导致生活方式的改变，使得宇宙观、世界观、人生观都发生深刻的改变，而且，各种利益集团因此而重新组合，这个发展的力量实在太大了，所以我们说它是一个历史现象。

---

① ［德］康德：《历史理性批判》，何兆武译，商务印书馆，1991 年版，第 22 页。

第二，启蒙成为西方现代文明发展的理念，这个理念背后是理想主义，它成为一个‘ideal’，这个问题也是错综复杂。在相当长的时间里，几乎康德以后的西方所有思想家，都认同这个理念。第三，启蒙是一种普遍性心态……”①

杜维明将这种“普遍心态”称为“启蒙心态”（the enlightenment mentality）。“启蒙心态作为人类历史上最具活力和转化力的意识形态，是现代西方崛起的基础。实际上，作为现代特征的，人们关注的所有主要领域，比如科学技术、工业资本、市场经济、民主政治等，都从启蒙心态中受惠或汲取养分。而且，我们追求的那些被视为属于现代意识的价值，比如自由、平等和人权等，如果不是在结构上，就是在起源上，与启蒙心态密不可分。”②

无论是康德的“摆脱不成熟状态”抑或是杜维明的“启蒙心态”，它们都是指向我们在上文中提到的“精神因素”。因此，我们认为，启蒙运动实质上更是一种思维方式的变革，使人们有意识地推翻给定和既定的东西，使它们问题化，简言之，启蒙运动开启了人类的反省能力。当人们开始怀疑和反省既定的东西，他们就在不自觉地运用自己的理智，这是迈向理性成熟的第一步，也是形成“启蒙心态”的基础。

从这个意义上来讲，启蒙理性与浪漫派都是启蒙运动的产物，都体现了启蒙运动真正的精神实质。如果说启蒙理性是对前现代世界的反省，那么，浪漫派就是对启蒙理性的反省。

启蒙理性追求理性自由，反对前现代社会对人的理智的束缚。自由地运用理性必然导致人类生存方式走向合理化和计量化。利益算计直接导致高效率的生产方式与管理模式的出现。这极大地改善了人类的生存条件，出现了更为合理的民主政治、市场经济等现代化产物。

随着启蒙理性的胜利产生了另外一个启蒙时代的关键性观念——进步的观念。启蒙时代的知识分子（即接受了启蒙理性的那部分知识分子）相信，所谓“进步”就是指人类能够日益有效地运用理性，从而更加合理地控制自然和文化环境。黑格尔甚至认为，理性自身也是可控的。理性自由绝不是任性的自由，而是可为理性所把握的自由。

---

① 曾明珠记录整理：《启蒙的反思——杜维明、黄万盛对话录》，《世界哲学》，2005 年第 4 期。

② 杜维明：《超越启蒙心态》，雷洪德、张珉译，《哲学动态》，2001 年第 1 期。

但从另一方面而言，这并不是如某些乐观主义者所认为的，启蒙理性为人类带来的都是文明、富强与幸福的“福音”。当代人类社会所面临的众多危机，如精神危机、环境灾难等，都与启蒙理性存在着内在联系。

启蒙理性的直接结果还包括形成了两个中心论立场：人类中心主义和欧洲文化中心主义。不言而喻，人类中心主义就是后现代主义者所反对的主体性原则。人文主义是人类中心主义的一个变种，直接导致了物质主义、现实主义、功利主义、科学主义等倾向的出现。

至于欧洲文化中心论的问题，我们在之前也已提及，它是在思辨理性和进步观念的影响下产生的，认为欧洲文化较之其他民族的文化更为优越、进步，代表着人类文化发展的最高阶段。

这种观念受到了西方本土具有批判精神的知识分子和非西方知识分子的抨击和反驳，其中就包括前面提到的赫尔德，以及俄国斯拉夫派及后来的欧亚派。

但这并不意味着要完全否定启蒙理性以及人类追求改善生存条件愿望的意义。但当人类面临着前所未有的重大危机时，我们需要重新反思启蒙理性，以批判的态度重新审视它。最早对启蒙理性进行反思的当属浪漫派。

浪漫派对启蒙理性的批判主要集中在以下三个层面：第一个层面是批判启蒙理性缺少灵性维度而忽视了人类的内在精神；第二个层面是批判启蒙理性片面发展了工具理性而忽视了道德理性；第三个层面是批判启蒙理性形成了鄙视、征服与同化非西方文化的取向。

同时我们发现，当代学者，包括杜维明等新儒家的倡导者，在反思启蒙时也不断回溯到浪漫派对启蒙运动的批判上来。

杜维明曾谈到启蒙的三大盲点：“人类中心主义和凡俗的人文主义对精神世界（特别是宗教）采取彻底排斥的立场；浮士德式的工具理性对自然采取认识、控制和掠夺的态度；欧洲中心主义对世界其他文明，包括原住民传统，采取鄙视和征服的策略。”①

如果说法国在启蒙运动中发挥了核心作用，那么，在浪漫主义运动中发挥重要作用的则是德国。

---

① 杜维明、衣俊卿：《儒家思想资源与现代性的相关性——关于启蒙反思的学术对话》，《求是学刊》，2009 年第 1 期。

透过黑格尔的主奴关系辩证法进行考察，可以看出，18 世纪的德国与俄国境况相似。两者都开始意识到“强势他者”的存在。只是这个作为“他者”的参照系不同。对当时的德国而言，法国是自我之外无法扬弃的他者。

对俄国而言，西方则是那个“他者”。有趣的是，德国在俄国眼中是西方的一分子。“西方”这个模糊的地缘概念不加区分地包含了所有在地缘上是西方的欧洲国家。在俄罗斯人眼中，德国与英国、法国并无二致。这实质上忽略了西方自身的分裂。

柏林大学历史教授弗里德里希·梅内克在《历史主义的形成》中写道：“浪漫主义刚刚出现时原本是一种模模糊糊的东西，后来在各式各样的面目不清的冲力推动下，在古典规范以外发现了种类繁多的人性的价值。然而，就在这样的探寻和摸索中，在迄今尚无人注意的过去的那些创作中，浪漫主义突然发现了自己的形式、意义和连贯性，从而为研究历史法则开辟了道路。”①

德国是第一个发现这种新精神、说明其性质并使之有机化的国家。德国浪漫派思想自 18 世纪出现萌芽，直至 19 世纪时已经成为遍及整个欧洲的思潮，成为整个 19 世纪的时代精神，并影响到 20 世纪法国后现代主义的产生。

柏林在《启蒙的三个批评者》中指出，“赫尔德的声誉建立在这样一个事实上：他是民族主义、历史主义和民族精神这些相互关联的思想之父，是对古典主义、理性主义以及对科学方法万能的信仰进行浪漫反抗的领袖之一，一句话，他是法国启蒙哲学家及其德国门徒的对手当中最令人生畏的人。”②

浪漫派相信，信仰可以战胜理性，诗意和历史的想象可以战胜机械的规律解释，直观可以战胜逻辑。吹响这场反启蒙理性运动号角的正是上文提到的赫尔德，而他也因此被人恰到好处地称为 19 世纪的“守门人”。

总之，被俄国等后发型现代性国家视为“强势他者”的西方自身也是

---

①［美］汤普森：《历史著作史》（下卷，第三分册），谢德风译，商务印书馆，1996 年版，第 179 页。

②［英］以赛亚·柏林：《启蒙的三个批评者》，马寅卯、郑想译，译林出版社，2014 年版，第 179 页。

分裂的整体，表现为启蒙理性与浪漫派之争，因此，从这个意义上来说，俄国19世纪上半期的西方派与斯拉夫派之争就表现为西方启蒙理性与浪漫派之争的回声与延续。

## 三、西方派/斯拉夫派：西方启蒙理性/浪漫派的回声

尽管一些斯拉夫派学者提出，“斯拉夫主义者同日耳曼浪漫派间绝无相通之处”，[①] 但从历史因果来看，19世纪上半叶“西方派/斯拉夫派”的形成，正是18世纪“启蒙理性派/浪漫派”的对立在俄罗斯的“回声效应”。

首先，俄罗斯自诞生之日起一直处在西方文明的辐射圈内。在现代化转型开启之后，这种辐射更是不断加强。到19世纪中期，西方对俄国的影响已持续了近300年，并且逐渐从最初的器物层面转而渗透到精神层面中来。俄罗斯知识分子与西方思想界也始终保持着密切的联系，[②] 而1812年俄国军队进入巴黎之时，也正是浪漫派在西方风头正劲的时候，它不可能不对俄罗斯思想界产生任何影响。

其次，两者之间存在着明显的思想同构。西方派与斯拉夫派在历史观上的分歧同启蒙派与浪漫派之间的分歧完全平行。

启蒙理性与西方派一样，他们相信：“理性在一切思维主体、一切民族、一切时代和一切文化中都是同样的”，[③] 人类的历史也会因此走向终结。

浪漫派与斯拉夫派却主张“每一种文化都有它自己独特的吸引中心”，[④] 所以，人类的历史将不会终结，而是始终表现为文明之间的冲突。换言之，俄罗斯斯拉夫派与西方派的历史观之争是西方启蒙派与浪漫派之争在俄国的延伸。

最后，进一步来说，如果把“启蒙派/浪漫派”的对立放在现代化转型的背景下考察，会看到启蒙派所体现的正是俄罗斯人所面对的那种“强势他者”的历史观，而浪漫派所主张的则是斯拉夫派极为推崇的反抗性的

---

① 艾恺：《世界范围内的反现代化思潮——论文化守成主义》，贵州人民出版社，1991年版，第65页。

② 在西方持续且深入的影响之下，俄国贵族经常性地出访欧洲（两派的主要成员都拜访过德国的大学），更出现了许多以“斯坦凯维奇小组”为代表的各种哲学研究团体。

③［德］卡西尔：《启蒙哲学》，顾伟铭等译，山东人民出版社，2007年版，第4页。

④［英］以赛亚·柏林：《反潮流：观念史论文集》，冯克利译，译林出版社，2002年版，第12页。

“自我意识”或“自主性意识”。

从这个意义看，俄罗斯的“西方派/斯拉夫派”之争不仅是“启蒙派/浪漫派”对立的外化效应，而且进一步表现为整个现代文明内在的分裂意识。

启蒙理性的发展始终伴随着浪漫派的批判。如上文所述，这种批判主要集中在宗教性、道德性和批判欧洲中心主义等层面。这是西方现代文明自身无法克服的矛盾之处。

由此可见，分裂意识不仅存在于后发型现代性国家中，也存在于原发型现代性国家中，但两者的分裂意识是不同的，前者是因外部存在一个无法扬弃的“他者”，但后者是现代文明自身的分裂，但从历史因果关系上来看，斯拉夫派与西方派之间的论战正是西方启蒙理性与浪漫派之间分裂的延续和回声。

## 第四节　为争取承认而斗争

“为争取承认而斗争”是霍耐特那本名著的书名，之所以选择它作为本节的标题，其中一个主要原因是霍耐特的理论在一定程度上是黑格尔“主奴关系辩证法”的当代“翻译”的一个独特“版本”。

正如上文所述，俄罗斯因意识到自己在现代性世界中的“处境”而始终无法摆脱奴隶的苦恼意识，但与此同时，它又始终在为争取承认而斗争，“为从边缘走向中心”而努力。

如果按照主奴关系辩证法，“奴隶”要想摆脱分裂意识，就需要获得“主人”的“承认”，那么，究竟什么是承认，怎样才能获得承认呢？这也构成了斯拉夫派与西方派对“奴隶意识”双重解读的根本原因。

### 一、关于“承认”

“承认”这个概念在黑格尔以前就已经获得了很多的描述，但是所使用的表述不尽相同。它在柏拉图那里被表述为“气魄”；在马基雅维利那里是“追求荣光的欲望”；在霍布斯那里是“人的骄傲和虚荣”；在卢梭那里是“人的自尊”；在亚历山大·汉弥尔顿那里是“声名”；在麦迪逊那里是“野心”；在尼采那里是“红脸颊的野兽”（需要获得评价）。

在黑格尔看来，寻求承认的愿望是改变主奴关系的基本动力，承认是“否定或主体的不断扬弃”的过程。“在这个意义上来说，形成主体间伦理关系基础的承认运动就在于和解与冲突交替运行的过程当中。”①

主体在人际交往中不断重复的是拓展自己个性的新维度。主体与“他者”之间的冲突始终是他的个性没有获得承认，那么，在这个共同体中主体间性的基础是一种特殊的主体关系，或“相互直观”，即“个体在每一个其他个体中把他自己直观为他自己”。

换言之，黑格尔的“承认”概念包括以下几个理论要旨：第一，“承认”的行为是发生在至少两个主体之间的，“自我”与“他者”；第二，“自我”需要在“他者”的承认中获得“存在感”和满足感；第三，自我的个性最终被“他者”直观为自己的个性。

根据黑格尔关于“承认”概念的界定，“存在”或“被意识到存在”是获得承认的基本前提。那么，在现代性的语境中，后发型现代性国家在原发型现代性国家那里就是“没有被意识到存在的存在”。这点在上文中也有所提及。

施宾格勒就曾这样评价俄罗斯文化，“俄罗斯文化有一个平板的灵魂，但其文化和灵魂均未发展成熟”。这不禁让人想起苏珊·桑塔格的一句话：“中国是物件，是不存在。母亲拥有一袭芥末黄的水洗丝袍，她说，这袍子原本属于一位皇太后宫中的侍女。”

造成这种评价的原因大体可以归结为西方和非西方，或者说原发型现代性国家和后发型现代性国家是异质的，后者在西方眼中甚至是落后的、愚昧的，不可能与自己形成“相互直观”。

因此，对于非西方的理性主义者而言，如西方派，要想获得“西方”的“承认”必须实现“西化”或“同化”，因为他们相信普遍理性和普遍文明的存在。西方是普遍文明的典范。它所建立在理性原则基础之上的价值评价体系是普遍文明的核心。这种价值评价体系确立的是绝对的善恶标准，相信普遍人性的存在。

---

①［德］阿克赛尔·霍耐特：《为承认而斗争》，胡继华译、曹卫东校，上海人民出版社，2005年版，第22页。

但与之相反，对于那些非西方国家的浪漫派来说，他们主张的是个性与差异，否认普遍文明和普遍理性的存在，代之以民族文化，强调所有文化的等值性，鼓励个性的创造性。

由此可见，斯拉夫派所担心的是，在不断追求被承认和被理解的过程中，俄罗斯可能丢弃了本来支撑自己的文明内涵，这才是真正可能获得他者承认的根本。西方派与斯拉夫派在争取西方承认的路径与方法上的不同也体现在他们对“奴隶意识”的不同解读中。

## 二、“奴隶意识”之于西方派：愚昧落后

正如上文所述，斯拉夫派与西方派在如何获得“西方”承认，摆脱奴隶分裂意识的方法选择上表现得恰恰相反：西方派主张通过西化变成“另一个西方”从而在“相互直观”中获得承认；斯拉夫派则认为，盲目模仿西方是不能获得西方承认的，只有保持个性和自主性才可能获得西方的尊重。这种差异性在两派对“奴隶意识”的二分解读中也可看出。

西方派把俄国人愚昧落后的精神现状解读为“奴隶意识”。他们认为，要想摆脱这种奴隶意识必须把西方文明当作典范，因此，别林斯基才会说，“应当说，我国社会的各种缺陷和弊端都是从无知和愚昧中来的，因此知识和教育之光将像阳光驱散乌云那样把它们赶走”。[①]

西方派认为，俄罗斯是个奴隶意识很强的国家，且由来已久，甚至可以追溯到俄罗斯国家形成初期。据俄国历史学家记载，俄罗斯人是自觉自愿地接受了瓦兰人的异族统治。他们所建立的留里克王朝一直延续到蒙古鞑靼入侵时才告终结。

金帐汗国统治下的俄罗斯依然处于被奴役的状态。后来的罗曼诺索夫王朝虽然实现了民族自决，但严酷的奴隶制仍限制了绝大多数俄国人的自由。这是俄罗斯民族前现代时期的全部历史。

俄罗斯国家的奴隶史造就了俄罗斯民族独特的奴隶意识。这种奴隶意识一直保留到苏联时期。

俄罗斯的独特历史使这个民族形成一种精神习惯。这种精神习惯可以使人民丧失政治敏感性，陷入浑浑噩噩之中。屠格涅夫在《处女地》中，

① ［俄］别林斯基：《俄罗斯思想》，贾泽林译，浙江人民出版社，1999年版，第63页。

借主人公日涅戈诺夫之口描述了俄罗斯人当时的这种精神状态。

日涅戈诺夫在给友人的信中附上了自己的一首诗《睡眠》。① 诗中描述的是生活在俄罗斯大地上的所有人都在沉睡，从农民到士兵，从商人到法官，只有沙皇的小酒馆整夜不眠。

《处女地》中帕克林对马舒林娜说的那段话也很好地验证了俄罗斯民族的这种精神习惯："因为，您难道不知道我们俄国人是什么样的一种民族吗？我们老是盼望着：有一天什么人或者什么事突然出现，把我们一下子就治好了，我们所有的伤口都长好了，像拔掉一颗病牙似地把我们的百病全拔除了。"

因此，当被奴役成为一种精神习惯时，人们将不会意识到自己处于被奴役的状态，更不会起来抗争。没有自由便没有权利，更不会有民主。自由与民主又是现代国家的重要特征。因此，在西方派看来，只有向西方学习，唤醒沉睡的理性力量，俄罗斯民族才能摆脱奴隶意识，成为富强、民主和自由的现代国家。

值得强调的是，这与"五四运动"前后我国知识界的认识极为相似，鲁迅在他的《呐喊》中同样使用了"熟睡"来描述民国初年中国人的精神麻木状态，并希望"德先生"与"赛先生"可以拯救中国于生死存亡的关头。

总之，在西方派看来，愚昧无知是俄罗斯奴隶意识的基本内涵，要想终结奴隶意识，获得"主人"的承认就必须要学习西方，使俄罗斯成为可以与西方"相互直观"的那个主体"他者"。

## 三、"奴隶意识"之于斯拉夫派：自主性丧失

但在斯拉夫派看来，西方是腐败的，欧洲文明是丧失了内在生命力的垂死文明。"尽管生活变得丰富多彩，其外表完善而舒适，但是，生活自身却丧失了实质意义，因为在这种生活中没有任何共同的、强大的信念，它既不能被崇高的希望所装点，也不能被深深的同情所温暖。"②

如上文所述，斯拉夫派认为，西方的腐败根源是抛弃了灵性传统，相

---

① ［俄］屠格涅夫：《处女地》，巴金译，人民文学出版社，1991 年版，第 263 页。

② ［俄］基列耶夫斯基：《论欧洲文明的特征及其与俄罗斯文明的关系——给科马罗夫斯基伯爵的信》，张百春译，《世界哲学》，2005 年第 5 期，第 2 页。

信理性万能，从而片面发展和强调了理性主义，这使得西方陷入了另一种奴役状态之中，成为物欲和机械的奴隶，心为形役。

这就是别尔嘉耶夫所说的“文艺复兴的终结和人文主义的危机”，因此，斯拉夫派认为，灵性维度的缺失破坏了欧洲文明的基础，而丧失了内在基础的欧洲文明就丧失了创造力与生命力。

因此，斯拉夫派认为，当一些西方人开始“返回到被拒绝的那些信念”[①]时，却发现这些信念在经过了几百年抽象理性的瓦解下已经变得面目不清了。在这种情况下，只有转向曾经被西方所忽视的独特的俄罗斯文明，西方才能获得拯救。

俄罗斯因偶然的隔绝因素最为完整地保留了这些基本原则，并发展出能够拯救西方的独特的“精神基础”。这是俄罗斯的后发优势，也是治疗西方精神疾病的良药。

进一步来说，在斯拉夫派看来，西方派主张学习西方是愚蠢的。西方自己都在走向没落并最终会求助于俄罗斯。学习西方就等同于与它一道陷入到“机械的奴役”之下。

他们认为，从 16 世纪的欧洲派开始，一些广义的西方派就为西方繁华的表面所迷惑。他们开始带着某种偏见来看俄罗斯和西方。在他们看来，西方的一切都是美好的和可爱的；俄罗斯的一切都是丑陋和可憎的。只有摒弃这种显而易见的偏见才能得出公正客观的结论。

斯拉夫派称赞政府搜集古代文献的行为，并认为通过挖掘古代文献中的精神因素可以使俄罗斯学者较为客观地重新评价俄罗斯和西方，并帮助重新认识俄罗斯独特的文明内涵真正的价值和意义。

由此可见，斯拉夫派在讨论俄罗斯与西方问题时，已经超越了最初要求平等承认的诉求，开始有意识地强调俄罗斯文化的优越性和它对西方的拯救功能。这已经展现了“要求被承认为优越者的贵族主义式主人欲望的优越欲望”[②]的端倪，这就为后来的欧亚主义——加强版的斯拉夫主义的出现铺平了道路。

---

①［俄］基列耶夫斯基：《论欧洲文明的特征及其与俄罗斯文明的关系——给科马罗夫斯基伯爵的信》，张百春译，《世界哲学》，2005 年第 5 期，第 2 页。

②［美］弗朗西斯·福山：《历史的终结》，黄胜强、许铭原译，远方出版社，1998 年版，第 294 页。

总之，斯拉夫派认为，西方派所主张的“模仿西方”才是奴隶意识的根本内涵。他们相信，一个民族要想结束奴隶状态不是基于理性，而是基于某种特殊因素的自主性。他们认为，当代的西方文明是另一种奴隶状态，西方社会已然陷入到物欲的奴役之下。这导致人的内在衰落，心为形役。

因此，模仿西方不仅不能摆脱奴隶意识，反而会陷入到另一种奴隶状态之中去。俄罗斯民族灵性至上的民族精神传统正是拯救西方的一剂良方，也是实现自我救赎的唯一方式。这种对“自主性”的诉求源自俄罗斯特有的“主人情结”，并成为之后俄罗斯思想史的主线。

## 四、俄罗斯人特有的“主人情结”

如上文所述，斯拉夫派在讨论俄罗斯与西方问题时，已经表现出某种固有的“主人情结”，这种情结可能与弥赛亚意识和“莫斯科—第三罗马”学说有关。

### （一）俄罗斯的弥赛亚意识

弥赛亚意识是俄罗斯民族思想的主旋律和重要的文化基因。弥赛亚原是宗教概念，指上帝在创世之前所造的七件事物之一，在希伯来语中意为“受膏者”，即在某人身上涂上膏油，表示该人被上帝选中，可以与之沟通。

在犹太教中，“弥赛亚”可以用于指称君主和祭司；犹太亡国后，弥赛亚用来指称传说中的“复国救主”，并衍生出“弥赛亚时代”的概念，用来指称获得拯救之后的来世。与犹太教不同的是，基督教中的救世主是基督耶稣。因此，弥赛亚意识至少包含两个含义：救世主和未来时代，即上帝之国。

第一，关于弥赛亚意识的救世主含义，与在《新约全书》所记载的施洗者约翰以后的弥赛亚和救世主之意相联系。“同弥赛亚作为上帝的儿子以及与之相联系的追求神迹的狂热相比起来，‘人子’这个词包含有温柔谦逊的人情味的因素在内，同弥赛亚作为大卫的儿子以及与之相联系的民族骄傲、排他精神和政治野心等腐朽思想对比起来，另一种称号则具有普遍性和道德性的特征。”① 因此，在《新约全书》中也称耶稣为弥赛亚。

① ［德］大卫·弗里德里希·施特劳斯：《耶稣传》，吴永泉译，商务印书馆，1996年版，第311页。

第二，在时间维度上，弥赛亚意识中的“未来时代”的含义表明它所关注的不是“现世”，而是未来的上帝之国，换言之，弥赛亚意识中含有末世论思想，并与“千禧年”[①] 相关。

因此，从这个意义上来说，一方面，具有弥赛亚意识的民族自认为自己是救世主，“是受上帝灵感的仆人，是外邦人的光，是向全世界宣扬真理与正义的宣教者，这个宣教者在被掳期间经受了坚忍与逆来顺受的锻炼，就会耐心地、安静地、勇敢地一往直前，直至达到其目的，完成其崇高的使命为止”。[②]

从另一方面来说，具有弥赛亚意识的民族在精神上总是指向“终极”、“绝对”和未来，不愿意循规蹈矩，引发创造的激情，别尔嘉耶夫曾经指出，“只有弥赛亚式的情感才能改造世界，使之摆脱奴役”。[③]

俄罗斯弥赛亚意识的表现是“俄罗斯民族重要的种族特征之一，也是俄罗斯民族共有的民族特性”[④]，是俄罗斯意识的主旋律之一。按照郭小丽在《俄罗斯弥赛亚文化观念的层级分析》中所指出的，“俄罗斯弥赛亚意识主要体现在三个方面：在政治方面，俄罗斯要拯救其他国家和解放全人类，并且努力把这种理想付诸实践；在精神方面，俄罗斯担负着拯救整个世界精神财富的使命；在宗教方面，俄罗斯是代表真理的东正教的继承人和拯救者”。[⑤]

总之，“弥赛亚”意识已经渗透到俄罗斯民族思想的深处，并深刻地影响着俄罗斯社会的各个方面，因此，陀思妥耶夫斯基才会充满自信地说：“一个真正伟大的民族永远不会甘心在人类中充当次要角色，甚至也不屑充当头等角色，而一定要独占鳌头。哪个民族丧失这一信心，它就已经不再是一个民族了。但是真理只有一个，可见只有一个民族能够拥有真正的神，虽然其他民族也都拥有自己单独的伟大的神。这个替天行道的唯一的民族，就是俄罗斯民族……”[⑥]

---

① “千禧年”是末世到临之后，基督会二次降临，拯救人类进入上帝的“千年王国”。

② 王亚平：《基督教的神秘主义》，东方出版社，2001 年版，第 63 页。

③ ［俄］别尔嘉耶夫：《末世论形而上学》，张百春译，中国城市出版社，2003 年版，第 117 页。

④ ［俄］季莫菲耶夫：《未完成的方案》，莫斯科，2000 年版，第 7 页。

⑤ 郭小丽、张春芳：《俄罗斯弥赛亚文化观念的层级分析》，《四川外语学院学报》，2007 年第 4 期。

⑥ ［俄］陀思妥耶夫斯基：《群魔》，臧仲伦译，译林出版社，2002 年版，第 313 页。

### （二）“莫斯科—第三罗马”学说

16 世纪出现的“莫斯科—第三罗马”学说是俄罗斯民族中弥赛亚意识的集中体现和标志，也是“异—西方”观念的第一次有意识表达。

“莫斯科—第三罗马”学说来源自保留下来的菲洛费伊（1465~1542 年）长老的两封信：《普斯科夫叶利扎罗夫修道院修士菲洛费伊致书记官 M.Г.米休留·穆涅黑努的信函反驳尼古拉·布列夫的星术预言并提出了“第三罗马”的理论》以及《致莫斯科大公瓦西里·伊万诺维奇的关于“第三罗马”，统治者的责任和划十字的礼仪的信函》，它们完成于 1514~1521 年。

在对莫斯科大公的信函中，菲洛费伊写道：“虔诚的沙皇，但愿你的伟大国家知道，信仰基督教的所有东正教王国，都相聚于你的统一的王国：你是普天唯一的基督教沙皇……假如你能出色地治理你的王国，那么你就将成为光明之子和天上的耶路撒冷的居民……这就是一个老实的修士给予伟大的沙皇的忠告。所有基督教王国统一于第三王国。两个罗马已经灭亡，而第三个罗马屹立不动，第四个根本没有。”① 第一个罗马衰落于异端邪说，也就是偏离了基督教的真理，第二个罗马——君士坦丁堡——被土耳其人所摧毁，这在古俄罗斯记述者看来，都是叛教的结果（佛罗伦萨合并教会）。

由此可见，“莫斯科—第三罗马”学说至少包含以下两个方面：政治层面和宗教层面。在政治层面上，承认莫斯科大公是“拜占庭的继承者”，这个继承权在伊凡三世迎娶了拜占庭最后一个国王的女儿索菲亚·巴列奥洛克公主之后便具有了合法性。

“莫斯科大公是拜占庭的继承者”这种观念最早出现于 15 世纪 70 年代。当时，威尼斯的使节想要俄罗斯卷入反对土耳其的战争。在此之后，罗马教皇也曾多次呼吁莫斯科大公为了“拜占庭领土”参与到反对土耳其的战争中来，督促它与波兰皇帝和解，加入到反对土耳其帝国的联盟中来，承认罗马主教在宗教合并中的领导地位，承认罗马对俄罗斯教会组织的任免，以及罗马教皇对莫斯科大公的加冕。

但伊凡三世和他的继承者们没有接受这些建议。在这段时间，俄罗斯继续同波兰进行争战，以争夺南俄罗斯和西俄罗斯的土地，他们更关注

① ［俄］Л.诺维科娃、И.希泽姆斯卡娅：《俄国历史哲学的范式》，子樱译，《哲学译丛》，1998 年第 3 期，第 30 页。

于俄罗斯对基辅的权利，而不是拜占庭的遗产。在政治层面上，“莫斯科—第二基辅”的观念先于“莫斯科—第三罗马”的观念，而且它更具现实意义。

在宗教层面上，“莫斯科—第三罗马”的理论发展出了将东正教真正的中心从拜占庭迁移到俄罗斯的宗教观念。君士坦丁堡的圣索菲亚大教堂曾被看作东正教最重要的教堂，但自从君士坦丁堡陷落以后，最主要的东正教教堂被认为是耶路撒冷的升天大教堂，因此，宗教传承性的观念在“莫斯科—新耶路撒冷”的概念中得到了发展。直至 17 世纪，牧首尼康提出要在莫斯科建立新耶路撒冷升天大教堂，用以显示这种宗教的传承性。

总体而言，“莫斯科—第三罗马”学说对俄罗斯的影响是深远的。它构成了古罗斯宗教意识的主要内容。这种基本的宗教意识用克柳切夫斯基的话来说，“他们把自己看成是世界上唯一真正虔诚的信徒，认为自己对神的理解绝对正确，说宇宙的创造者是他们自己的俄罗斯上帝。这个上帝不属于别人，也不为任何人所知”。

因此，俄罗斯东正教徒鄙视希腊人，唾骂君士坦丁堡的背叛行径，把所有非斯拉夫信仰和多神教视为一丘之貉。这对斯拉夫主义的救世主说产生了重要影响。

如果说这个时代的“宇宙观念是昏暗不明的”（克柳切夫斯基语），那么，在斯拉夫派那里，它就赫然演变为反抗“基督教宇宙教会的黑暗”，从而确立了俄国教会作为新的宇宙教会的地位。这构成了斯拉夫主义救世主说的基本内容。

可以说，“斯拉夫民族意识在俄罗斯帝国的生成过程中，在成功抵抗鞑靼蒙古统治的过程中以及其后的历史发展中，促成了原本的村社制度、集体观念和乡土认同等，这些与经拜占庭而来的东正教信仰、因拜占庭帝国衰落而兴起的‘莫斯科—第三罗马’信念相融合，形成了要拯救世界的俄罗斯弥赛亚意识”。[①]

正是在这种学说的影响之下，斯拉夫派成员阿克萨科夫在 1860 年 1 月 15 日给友人 M.Ф.拉耶夫斯基的信中才会写道：“我有意写一本题为

① 林精华：《陌生的邻居——后苏联时期俄国民族主义潮流下的中俄关系》，《俄罗斯研究》，2012 年第 4 期。

*Russische Ideen* 的书，以便使欧洲的学术界了解独特的俄罗斯思想，这些思想当然仅出自斯拉夫派。德国人说，俄罗斯人没有任何意识，那就应该让他们看看，我们的意识已经远远超过了他们。那些只为德国优秀思想家所模糊意识到的东西已经为斯拉夫派所明确意识到并且在俄罗斯民族的生活中实现了。”① 这有可能是“俄罗斯意识”表述第一次出现。②

也是在这种学说的影响之下，斯拉夫派乃至整个俄罗斯思想家的叙事特征都表现为刻意回避西方的哲学叙述范式。他们自觉地进行自主性叙述范式的尝试。“霍米雅科夫用诗歌，基列耶夫斯基用散文诠释自己的哲学。”③ 甚至于19世纪末至20世纪初的俄罗斯宗教哲学以及19世纪俄罗斯文学所表现出来的深刻哲学内涵也都可能源于这类尝试。它们在一定程度上既体现了俄罗斯民族所追求的灵性的形而上和灵动的文学表现形式，也体现了俄罗斯希望在精神上成为“第三罗马”的夙愿。

显然，充满弥赛亚意识的“第三罗马”理想是许多俄罗斯知识分子“异—西方”观念的主要支撑。到了20世纪初，这种“异—西方”观念对十月革命后的俄罗斯就显得异常重要了。此时的俄罗斯同西方世界完全隔离开来，它既不能成为西方，又不甘心做一个普通的东方民族。

即使在意识形态大一统的苏联时期，依然可以听到与斯拉夫主义相同的主张。在《流放的灵魂——索尔仁尼琴》中记录了这样一个片段：1968年，文学评论家维克多·恰尔马耶夫在《青年近卫军》上发表文章抨击西方，“认为它正处在令人绝望的堕落和退化中”，“与西方堕落的颓废状态相比，俄罗斯的传统是纯净的、合乎道德的，滋养着它的是一汪神圣的清泉。近年来，这种俄罗斯精神在西方的舶来品——比如电视、电影和大众传媒——庸俗化的影响下已经蜕化了，但是通过使它回归源头，通过从俄罗斯的村庄、俄罗斯人民的道德和灵性价值、干净的大众习语中汲取灵感，这种精神还是可以得到复兴的”。④

这是斯拉夫主义观点第一次在苏维埃官方出版物上出现。当然，它的发

---

① И.С.Аксаков，И.С.Аксаков в ezo письмах，в 2 ч.，в 4 т.М.，1888–1896，ч.2，т.4：29.

② 通常认为，“俄罗斯意识”作为一个哲学概念第一次出现在1888年索洛维约夫在巴黎所做的系列书中。

③ 白晓红：《俄国斯拉夫主义》，商务印书馆，2006年版，第53页。

④［美］约瑟夫·皮尔斯：《流放的灵魂——索尔仁尼琴》，张桂娜译，上海三联书店，2013年版，第195页。

表势必会引起文学界的广泛批判，那些社会主义—现实主义作家以马克思唯物主义观点猛烈地对其进行了批评，但索尔仁尼琴本人却从中看到了某些积极、健康的主题和观点，这可能就是对俄罗斯灵性传统的认可与回归。

值得一提的是，索尔仁尼琴作为一名作家在俄罗斯思想史中的地位和作用的问题。毋庸置疑的是，索尔仁尼琴是一位在俄国文学史乃至世界文学史上都产生了深刻和广泛影响的作家。按照他自己的说法，他更愿意别人称呼他为作家，因为作家是超越政治的，超越意识形态的，是要为整个人类的灵性和良知的发展做出努力的，而不是如同当时苏维埃政权所要求、所培养、所改造的那样一些社会主义—现实主义作家群体。

在索尔仁尼琴揭露斯大林体制的同时，更为重要的是他作为“革命之子”重新反思并最终认同了俄罗斯独特的精神文化传统，更进一步指出后者对西方文化的优越性：他认为西方完全没有能力理解俄罗斯的灵性精神追求，不能理解苦难和节制对于灵魂净化的意义，这是他重新皈依东正教（他的家庭曾经是笃信东正教的信徒）之后的生命感悟。

更具启示意义的是，这种“异—西方”的观念甚至在苏联对外政策中表现了出来。尽管马克思列宁主义意识形态已成为苏联时代的显著和重要特征，但意识形态在苏联制定对外政策和处理各种国际关系问题时的作用却显得极为有限，特别是在苏维埃政权意识到世界革命并未如期到来之后。①

“实际上，正如许多观察家所指出的那样，随着苏维埃政权的壮大，随着苏俄在第一个五年计划开始实施后明确地成为共产主义势力的中心，苏联的外交政策也开始朝着传统主义与民族主义的方向演化，并出现了显而易见的‘俄国式’的特点。”② 那些被逐出俄罗斯的知识分子正是在强烈的“异—西方”观念的影响下，提出了“欧亚主义”的理想，这是我们在下一章中将要讨论的问题。

① 20 世纪二三十年代，苏维埃政权曾坚信世界革命将席卷所有的资本主义国家，摧毁整个资本主义体系，但它们很快就意识到世界革命并未如期发生。尽管如此，苏维埃政权仍把世界革命作为自己的目标。与此同时，调整意识形态与其国内国际环境相适应，所以，有些观察家和研究者认为，苏联的对外政策是“基于安全的实用政治产物”。

② ［美］尼古拉·梁赞诺夫斯基、马克·斯坦伯格：《俄罗斯史》，杨晔、卿文辉译，上海人民出版社，2007 年版，第 494 页。

# 本章小结

本章首先梳理了俄罗斯的“精神分裂史”，指出斯拉夫派与西方派的争论是俄罗斯分裂意识的首次命名。接下来借用黑格尔的主奴关系分析框架深入讨论了俄罗斯分裂意识形成的根本原因就是“强势他者”的存在。

在现代性语境中，黑格尔的“主人”与“奴隶”就成为了“原发型现代性国家”和“后发型现代性国家”或“西方”与“非西方”的隐喻性表达。

那么，“奴隶”要想摆脱分裂意识就必须获得“主人”的承认，在如何获得西方承认的问题上，斯拉夫派与西方派各持己见：西方派主张成为“另一个西方”，而斯拉夫派则在“莫斯科—第三罗马”学说影响下，强调自主性，认为只有作为“异—西方”的存在才能在未来拯救西方，也实现自我救赎。

这种“异—西方”的观念在后来的欧亚主义者那里获得了进一步的加强和表达，这是我们在第五章中将要讨论的主要问题。

# 第五章　欧亚主义与斯拉夫主义——俄罗斯文明圈重构的两种可能方案

苏联解体之后，围绕未来俄罗斯发展之路问题的讨论持续不断。斯拉夫主义和欧亚主义不仅成为当下俄罗斯国内外学界热议的话题，也引发了其他国家对这两种思潮的研究兴趣，如日本北海道大学在20世纪中期就成立了高水准的斯拉夫研究中心。

自20世纪90年代起，斯拉夫研究中心相继出版了一系列重要的研究成果：8卷本的《讲座　斯拉夫的世界》（1994）、3卷本的《讲座　斯拉夫·欧亚学》（2008），其中包括《开放的地区研究——中域圈与全球化》、《地区认识理论——多民族空间的结构与表象》、《欧亚——帝国的大陆》，全面阐释了斯拉夫主义和欧亚主义思想，建立了"斯拉夫·欧亚"学科体系，并试图以此理论来对苏联东欧地区正在发生的巨大变迁给予合理的解释。[①] 众多其他研究机构都有与之类似的研究目的。

结合我们在第一章所讨论的关于俄罗斯文明圈的"建构—解构—再建构"的运动轨迹，可以看出，苏联解体后的俄罗斯文明圈正经历着新一轮的再建构过程，而斯拉夫主义和欧亚主义成为众多研究机构的关注焦点，似乎也可说明斯拉夫主义和欧亚主义可能成为重构俄罗斯文明圈的两种认同范式或理论框架。

同时，欧亚主义作为斯拉夫主义"异—西方"传统的加强版，延续着俄罗斯追求自主性的精神传统。但作为俄罗斯文明圈重建的两种范式，斯拉夫主义和欧亚主义之间仍存在一些差异。

本章将主要围绕欧亚主义、后苏联时期俄罗斯文明圈的重建及方案，斯拉夫主义和欧亚主义作为两种可能的重建方案之间的异同等问题进行讨论。

---

① 阎德学：《日本斯拉夫·欧亚学的构建和意义》，《俄罗斯研究》，2011年第1期，第128页。

## 第一节　欧亚主义：被放逐者的回归之路

欧亚主义[①]是产生于20世纪二三十年代俄罗斯侨民界的一种社会思潮，它虽在苏联时期沉寂了近60年的时间，[②]但苏联解体所造成的巨大意识形态真空以及当代俄罗斯所面临的严峻国内外形势使之“卷土重来”，因而被当代欧亚主义者杜金称为“21世纪的俄罗斯民族思想”。[③]欧亚主义学说作为当今俄罗斯问题研究的热点话题而获得了多维度的阐释和解读。

欧亚主义产生于一个特殊的社会群体之中：他们是被十月革命后建立的苏维埃政权驱逐出境的人。众所周知，苏维埃政权自其建立之初就试图彻底根除旧的、历史的俄国所保留下来的一切东西，以期建立一个新的、现代的俄国。

这种割裂民族历史文化传承脉络的激进做法遭到了大批俄罗斯知识分子的批判，他们被称为“持不同政见者”，而这些人中的一部分被苏维埃政权实施了“肉体消灭”，另一部分就被下了“驱逐令”，著名的“哲学船事件”[④]就是在这个背景下发生的。欧亚主义正是产生于这些被驱逐者之中。

正如俄罗斯学者诺维科娃所言，“欧亚主义是那部分被驱逐的知识分子的反应，为保存俄罗斯文化而斗争是其主要任务”，在这种意义上欧亚主义是他们“回归”的一种方式。

---

① 按照张建华、唐艳在《近十年来我国学术界关于欧亚主义问题的研究综述》(《俄罗斯中亚东欧研究》，2005年第6期）中提出的观点来看，中国学术界在如何划分欧亚主义的发展阶段上仍存在分歧：有的学者主张把欧亚主义划分为古典欧亚主义和新欧亚主义两个阶段；有的学者（如李兴耕等）主张将其划分为古典欧亚主义、古米廖夫欧亚主义和新欧亚主义三个阶段，但在如何界定古典欧亚主义的问题上却分歧不大。所谓的古典欧亚主义，主要是指20世纪二三十年代之间在俄罗斯侨民知识分子中形成的一种社会思潮。本章所讨论的欧亚主义主要是指古典欧亚主义。

② 不可否认的是，这种沉寂只是相对的，因为即使在斯大林时期，欧亚主义在苏联仍有追随者，甚至形成了“红色欧亚主义”的组织。

③ 曹特金：《俄罗斯学者谈新欧亚主义》，《史学理论研究》，1999年第4期。

④ 关于这个事件可参见：别尔嘉耶夫等：《哲学船事件》，伍宇星译，花城出版社，2009年版。

## 一、《欧洲与人类》：欧亚派形成的起点

欧亚派的故事还应从 1920 年保加利亚的首都索菲亚讲起。这一年在索菲亚出版了一本题为《欧洲与人类》的小册子。这本小册子篇幅不长，只有 82 页。它的作者是俄罗斯侨民中的一员 H.C.特鲁别茨柯依（1890~1938 年）公爵。

“这本书延续了那场为俄罗斯自主性进行的斗争。这场斗争已经孕育出了俄罗斯思想的多种流派。它的基调主要是批判性的。它抨击了某些理念，这些理念为西方所推崇，而俄罗斯社会自 18 世纪以来也开始以其为取向。”①

这里的“那场为俄罗斯自主性进行的斗争”指的正是 19 世纪中期发生在俄罗斯知识分子中间的关于俄罗斯历史道路问题的大争论，即斯拉夫派与西方派之争。②

换言之，这本小册子延续了斯拉夫派的关于俄罗斯意识、俄罗斯道路的自主性诉求，批判了俄罗斯自现代化转型以来的西方价值取向。这种立场又与当时俄罗斯侨民界思潮的发展态势高度契合，因此这本小册子成为了后来出现的欧亚主义思潮的“教义手册”。

## 二、《回归东方·预言与现实·欧亚主义者的主张》：欧亚主义的成熟

当时的俄罗斯侨民界会集了一大批被驱逐出境的优秀思想家。由于索菲亚是这些人前往欧洲的中转站，因此这本《欧洲与人类》的小册子很快成为了“促成团结的原点和途径”。

1921 年，特鲁别茨柯依，地理学家、经济学家和地缘政治家 П.Н.萨文茨基（1895~1968），音乐学家和艺术学家 П.П.苏甫钦斯基（1892~1985）

① Сухов А.Д.，Столетняя дискуссия–западничество и самобытность в русской философии，М.，1998：164.

② 关于这场争论俄罗斯国内及国外多有论述。近年来随着俄罗斯现代化转型问题不断遭遇困境，这场发生在 150 多年前的争论又被重新开掘出多重价值空间。笔者也在《开放时代》2012 年第 10 期发表了相关论文。

以及宗教哲学家和政论家Г.В.弗洛连斯基（1893~1979）共同出版了《回归东方·预言与现实·欧亚主义者的主张》（以下简称《回归东方》）文集，它的出版标志着欧亚主义作为一个学术共同体的正式形成。

《回归东方》文集的出版促进了欧亚主义在俄罗斯侨民界中的传播。它很快就吸引了来自不同学科领域的研究者，其中有历史学家、经济学家、语言学家、人类学家、地理学家和文化学家等，他们都自称为“欧亚主义者”。

这些欧亚主义者定期或不定期地举行研讨会，在其运动最为活跃的时期，参加研讨会的人员多达几百人；他们还出版文集和专著，甚至创办了自己的报纸《欧亚洲》（1928~1929）。

尽管如此，“欧亚主义”作为一个学术共同体仍是较为松散的组织，其成员不仅学科多样，且流动性强。弗洛连斯基的离开对于欧亚主义来说无疑是一个巨大的损失，而哲学家Л.П.卡尔萨文（1882~1952）的加入又加强了欧亚主义的理论，尤其是哲学的基础。

## 三、1929：古典欧亚主义的终结

到了20世纪30年代，苏联国内和世界局势均发生了巨大的变化。苏联因成功实施了第一个“五年计划”（1928~1932），其经济和军事实力大为提升，与美国两极对峙的局面也已具雏形。面对这种巨变，欧亚主义内部出现了亲布尔什维克的倾向，与之前反对布尔什维克政权的立场相悖；加之特鲁别茨柯依的过早离世导致欧亚主义最终走向分裂。

上文提到的《欧亚洲》成为欧亚主义内部矛盾激化并走向分裂的一个转折点。这份报纸是由巴黎的欧亚主义小组卡尔萨文、苏甫钦斯基和文学艺术批评家С.Я.艾弗隆（1893~1941）等人于1928年创办的。

由于其毫不掩饰地表达了亲布尔什维克的倾向，使其遭到了来自欧亚主义内部和苏联侨民界的双重批判。特鲁别茨柯依甚至因此宣布要退出欧亚主义运动，萨维茨基等人也发表了《关于〈欧亚洲〉不是欧亚主义机关报》的文章。虽然该报于1929年停刊，但围绕这份报纸而引发的内战却极大地动摇了欧亚主义的思想基础。

到了20世纪30年代后期，虽然部分思想家（如萨维茨基、卡尔萨文等）仍围绕着欧亚主义进行研究和思考，但欧亚主义作为一个思想共同体已经不复存在了。

# 第二节 欧亚主义的基本理论要素

尽管如此，欧亚主义作为一种社会思潮，其影响并未随着学术共同体的解体而消失，甚至在苏联境内出现了以Л.古米廖夫（1912~1992）为代表的忠实信徒，并形成了“红色欧亚主义者”等秘密组织。古米廖夫曾自称为“最后一个欧亚主义者”，但就在他离世后不久，欧亚主义就在俄罗斯本土强势回归。

那么，欧亚主义的基本论证中包含哪些相关理论要素呢？

## 一、反对西化

在历史道路的选择上，欧亚主义如斯拉夫派一样反对西化。特鲁别茨柯依在《欧洲与人类》中率先举起了“反对西化”的旗帜。如果说斯拉夫主义对待西方文化的态度仍显暧昧，那么，欧亚主义对西方文化本质的披露则更为彻底。

特鲁别茨柯依首先否定了欧洲文化的普世性，“欧洲文化不是某种绝对的东西，不是全人类的文化，而只是某个有限的和确定的种族学的或人种学意义上的民族群体（他们拥有共同的历史）的创造物”①。

再进一步否定其优越性，“欧洲文化并不比其他种族群体创造的文化更完善、更优越，因为所谓的高级和低级的文化和民族根本不存在，而只有相互间相似或不同的文化和民族”②。

因此，所谓的“西方文化优越论”、“普世文明”完全是借“进步”之名行“自我中心主义”之实，具有很强的欺骗性。而且欧亚主义者与斯拉夫派一样，也认为西方文明已经腐败，需要精神救赎，因此，对于非西方民族而言，“西化不是福而是祸”。

所以，非西方民族的知识分子就要自觉地意识到西化的危害，坚决反对西化。这种立场成为欧亚主义“共同的世界观基础”（特鲁别茨柯依语）。

①② 笔者译自 Трубецкой Н.С.，Европа и Человечество，София，1920.

卡尔萨文早在 1914 年流亡之前出版的《东方、西方与俄罗斯思想》一书中就曾指出，“我们的历史存在意义不在欧化，而欧洲式理想也不是我们的未来”，而“坚决要求克服西方经验主义的局限性，坚决拒绝以进步理想为名的虚伪的大一统”。由此可见，欧亚主义坚信普世文明只是西方以自我为中心而编造的谎言，非西方民族绝不要把西化当作实现民族进步的唯一路径。

## 二、回归东方

既然俄罗斯拒绝西化，那么，俄国将向何处去？欧亚主义的回答是回归东方。《回归东方·预言与现实·欧亚主义者的主张》这本书的主题就很能说明问题。

欧亚主义者认为，只有让东方文化要素“回归”，才能开掘出俄罗斯文化的独特性。现在的问题是，欧亚主义者心目中的“东方”究竟意味着什么？

首先，从人类学上来说，欧亚主义者认为，俄罗斯在历史上并不是纯种的古斯拉夫人，而是古斯拉夫人、芬兰人和突厥人的混血。

其次，从语言上来说，特鲁别茨柯依通过比对古斯拉夫语、古印度—伊朗语以及古西欧语得出的结论是：“总体上可以说，在古斯拉夫语和古印度—伊朗语之间尤为重合之处，那些与宗教情感这样或那样相关的术语所占的比重还是很大的。”[①] 与古西欧语之间“却没有那些让人感到亲近的词语”，“其中大多为那些表示生产生活方面技术意义的词语”。[②] 换言之，相比于西方，俄罗斯在精神上更接近东方。

最后，从社会结构上来说，鞑靼人长达两个多世纪的统治为俄罗斯留下了丰富的政治遗产。它不仅成为俄罗斯形成统一国家的基础，如欧亚主义者什里亚科夫所言，它“唤起人民由落后的部落或城市公国迈上国家的宽阔道路”，而且成为后来沙皇俄国基本的政治体制。

简言之，在欧亚主义者看来，所谓的“东方”或“东方要素”主要是指突厥人的血统、语言上的亲近以及专制的政治体制。这些要素本是俄罗

---

①② 笔者译自 Трубецкой Н.С.，Верхи и Низы Русской Культуры，Исход к Востоку，София，1921：86–103.

斯文化所固有的，但自1700年开始的现代化进程却片面夸大了西方或欧洲文化因素在俄罗斯文化中所占的比重，刻意回避了这些东方因素，其结果是遮蔽了俄罗斯文化本真的独特性，那么，欧亚主义者口中的俄罗斯究竟是什么？俄罗斯文化究竟是一种怎样的文化呢？

## 三、“欧亚洲”及其中心：俄罗斯

斯拉夫主义认为，俄罗斯既不属于欧洲，也不属于亚洲，而是“欧亚洲”的中心。

需要澄清的是，欧亚主义口中的“欧亚洲”主要是指俄罗斯从16世纪到19世纪所逐渐征服的地区，但欧亚主义者显然不愿提及这段“征服史”，而更愿意让人们相信“欧亚洲”是既有的、天然的地理区域。

萨文茨基就曾指出：“东欧平原或如欧亚主义者所说的北海—高加索平原，就地理性质而言，与其说近似西欧，不如说更近似西西伯利亚平原及东边的突厥斯坦平原。上述三大平原连同把它们隔开的山脉（乌拉尔山和所谓的阿拉尔—额尔齐斯分水岭），从东方、东南方和南方把它们围起来的山岳（俄罗斯远东、东西伯利亚、中亚、波斯、高加索、小亚细亚的诸山脉），一起构成了一个独特的世界、统一的世界。它在地理上既不同于它西边的诸国，也不同于东南边和南边的诸国。如果把它西边的地域称为欧洲，把它东南边和南边的地域称为亚洲的话，那么，上述中间的世界则应称作欧亚洲。”①

萨文茨基所提到的这“三大平原”似乎构成了“欧亚洲”的基本地理格局，它包括东起乌拉尔山而西达波罗的海的东欧平原，还包括北邻喀拉海，南接哈萨克斯坦丘陵的西西伯利亚平原以及今天中亚地区所占据的“突厥斯坦平原”。虽然“乌拉尔山和所谓的阿拉尔—额尔齐斯分水岭”把三大平原分割开来，但欧亚主义者认为，这片区域从整体上看仍是较为完整的欧亚草原地带，所有生活在这片区域内的人们就应该拥有一种共同的文化——欧亚文化。

更有一些欧亚主义者认为，在俄罗斯文化诞生之前，古罗马文化和拜

① ［俄］萨文茨基：《欧亚主义》，曲炜摘译，《哲学译丛》，1992年第6期，第68页。

占庭文化也曾是“欧亚洲”的共同文化。从这个意义上而言，俄罗斯文化也是“第三种欧亚文化”，这也与“莫斯科—第三罗马”学说遥相呼应。

基于上述分析，我们可以看到欧亚主义与19世纪中叶俄罗斯思想界中盛行的斯拉夫派观点的异同：二者都强调俄罗斯文化的独特性以及回归俄罗斯传统的首要意义，从这个意义来说，欧亚主义在相当程度上是斯拉夫主义的一个变体。

但是，斯拉夫派侧重以东正教为核心的俄罗斯文化，而这个文化的地理温床显然是俄罗斯的“东欧平原”部分。从这一意义上说，“斯拉夫派”具有强烈的欧洲情结。

相比之下，欧亚主义更意在凸显俄罗斯帝国在地理、文化意义上的综合性，强调俄罗斯传统是欧亚大陆腹地所有民族的共同文化，综合了欧亚大陆东方、西方和南方文化的诸多因素。

为此，俄罗斯应探索一条不同于单纯的欧洲和单纯的亚洲的“第三条自主性道路”，成为欧洲和亚洲之外的另一个世界的文明典范。如果在欧亚主义者眼中，“俄罗斯文明圈”可能更应被称为“欧亚文明圈”。

## 第三节　欧亚主义与独立自主的道路

正如上文所述，欧亚主义者认为俄罗斯是“欧亚洲”的中心，它是位于欧洲和亚洲之间的第三个完整区域。那么，在“欧亚洲”上的现代化也不应与西方的模式相同，而应走“独立自主的道路”。欧亚主义所提示的正是要走“独立自主的道路”。

欧亚主义者反对依靠西方帮助，是因为他们认为，这样会使俄罗斯沦为西方的殖民地。特鲁别茨柯依在1825年撰写的《俄罗斯问题》一文中就尖锐地指出，侨民们寄予希望的外国人“当然是指那些发动了世界大战的‘伟大的强国’……战争褪尽了人道主义的罗曼—日耳曼文明的粉饰与铅华，现在，古代高卢人和日耳曼人的后代们向全世界展现了自己的真实嘴脸——贪婪地龇牙咧嘴的、凶残的野兽的嘴脸。这个野兽就是真正‘讲究实际的政治家’……他不相信奇迹，他嘲笑思想。喂给他猎物、食物，喂得越多，他吃得越津津有味。而如果不给他，他自己也会过来拿：他有技术、科学和文化，最主要的是，他有大炮和装甲舰”。[①]

因此，依靠这些外国人实现复兴的“俄罗斯将面临着阴影，它表面上是自主的，但在其中将培植出某个完全听命于外国人的政府。这个政府将行使与布哈拉汗国、暹罗或柬埔寨等国傀儡政府完全相同的权力。这个政府将是社会主义革命者的、资产阶级立宪民主党人的、布尔什维克的、十月革命者的或是右派的，都将是毫无区别的。重要的是，它将是虚假的。这才是在不偏不倚地观察现状的情况下所能描绘出来的那个现实可能的前景。俄罗斯复兴只有以牺牲它的自主性为代价才能实现”。[②]

与之相反，欧亚主义者对俄国在当时亚洲的殖民地解放运动中扮演的领袖角色则是相当满意的。“俄罗斯的未来角色，它已经不再是伟大的欧洲强国，而是巨大的殖民地国家，领导着自己的亚洲兄弟们共同反对罗曼—日耳曼人和欧洲文明。只有这场斗争的胜利才是拯救俄罗斯的唯一希望。以前，当俄罗斯还是伟大的欧洲国家的时候，可以说俄罗斯的利益与这个或那个欧洲国家的利益相近或相悖。现在，这类谈论是毫无意义的。从现在开始，俄罗斯的利益就密不可分地同土耳其、波斯、阿富汗、印度，很有可能也包括中国和其他一些东亚国家的利益联系在一起了。”[③]

换言之，欧亚主义者认为，因为俄国处于欧亚洲的中心，拥有独特的欧亚文化，因此，俄国的现代化不应简单复制西方道路，而应立足于其独特的地缘—文化基础，走独立自主的道路。

这与指导我国现代化实践的精神之间存在相似之处。我国在长期现代化实践中，始终坚持独立自主、走自己的路，并开创和发展了中国特色社会主义，从根本上改变了中华民族的历史命运。2013 年 6 月，习近平总书记在中央政治局第七次集体学习时强调，要提高对坚持和发展中国特色社会主义的认识。

习近平总书记指出，“站立在九百六十万平方公里的广袤土地上，吸吮着中华民族漫长奋斗积累的文化养分，拥有十三亿中国人民聚合的磅礴之力，我们走自己的路，具有无比广阔的舞台，具有无比深厚的历史底蕴，具有无比强大的前进定力”。[④] 中国人民在三十多年的探索和实践中，找到了、坚持了、拓展了中国特色社会主义道路。

---

①②③ 笔者译自 Н.С.Трубецкой，Русская Лроблема，1922.

④ 摘自《习近平总书记系列重要讲话读本》，《人民日报》，2014 年 10 月 13 日。

进一步来说，这种对独立自主道路的追求具有一定的普遍性。福山在《历史的终结》一书中就这样描写不被承认的美国黑人群体：“一些黑人领导者虽然追求没有偏见的社会，但仍极力主张自己的文化与白人社会的文化虽不同却必须平等，并在拥有自己历史、传统、英雄和价值的独特非洲裔美国文化中感到骄傲。这种主张有时会变质为‘非洲中心主义’，反对资本主义和社会主义这类‘欧洲型’理念，强调非洲固有文化的优越。”①

20 世纪 70 年代和 80 年代，亚洲经济出现了“奇迹”，随着亚洲四小龙的出现，许多东亚人士开始倡导“亚洲价值观”，并提出，在泰国以东地区的国家中具有**“相似”**的价值观，但与西方价值观有根本区别。

比如，亚洲价值观的积极倡导者，新加坡前总理李光耀就曾概括了“西方与东亚关于社会和政府观念的基本区别”，即西方可以保持个人权利和自由，但亚洲（特别是东亚）更适合纪律化的行为和秩序化的行动。

如果亚洲价值观可以被看作这种反应性自我认知的积极方面，有些非洲国家的自我认同则反映了这种自我认知的某些消极方面。举一个比较极端的例子，由于非洲某些地区对西方化的强烈抵制，甚至拒绝使用青霉素治疗疾病。这已经与前现代社会的某些蒙昧主义行径不相上下了。

不仅后发型现代性国家在探索“独立自主的道路”，在后发型现代性国家眼中的西方世界也表现出抗拒全球化或美国化的趋势，其中最典型的当属法国及其“法兰西道路”。

“如果说从 16 世纪 30 年代雅克·卡迪埃（Jacques Cartier）在圣劳伦斯河探险开始，法国人便开始关注这个新世界的话，那么直到 400 多年后美国才成为法国民族身份的陪衬者。直至 20 世纪 80 年代，美国已经成为这个国家衡量本国兴衰成败的标准。”②

但在冷战结束后的 20 世纪 90 年代，法美关系开始恶化：“法国人愈来愈反感美国政府的耀武扬威，反感美国被称为超级强国，甚至反感美国本身，包括它的价值观。”③

法国开始刻意与美国保持距离，甚至将其作为明确自己民族身份的对立面。法国试图以官方的方式阻止美式英语的传播；遏制美国的电视节目

① [美] 弗朗西斯·福山：《历史的终结》，黄胜强、许铭原译，远山出版社，1998 年版，第 271 页。
② [美] 理查德·F.库索尔：《法兰西道路》，言予馨、付春光译，商务印书馆，2013 年版，第 1 页。
③ [美] 理查德·F.库索尔：《法兰西道路》，言予馨、付春光译，商务印书馆，2013 年版，第 3 页。

和电影；利用欧盟来制衡华盛顿。普通民众甚至会去砸毁麦当劳的加盟连锁店，法国农民会去烧毁星条旗。

但与此同时，法国也处于欧洲大陆全球化或美国化的整体进程之中。麦当劳连锁店的扩张、咖啡馆里无处不在的可口可乐以及迪斯尼乐园的建立，无不彰显着法国也正在分享这一全球范围内的同质化进程。

为了抗拒被同化的宿命，法国政界、学界（萨特、波伏娃等知识分子）乃至普通民众都加入到探索不同于美国的现代化道路的队伍中来。

法国的这种立场似乎也预示了近年来欧美在政治、经济、社会和文化等方面更具实质性分歧的出现。随着欧洲在处理国际事务中变得日益自信，一些分析家甚至提出："大西洋的或者欧美的共同体已经不复存在。"①

欧美的这种分歧早在 2003 年关于伊拉克战争的争议开始，逐渐蔓延至诸如政府在社会经济生活、社会团结、生活方式以及文化多元主义的价值观中所起的作用这样实质问题上的分歧。这在 2015 年巴黎出现恐怖主义袭击后表现得更为显著，甚至为俄罗斯改善与欧盟的关系乃至形成反恐同盟提供了难得的机会。

由此可见，无论是后发型现代性国家还是所谓的西方世界中的一员，当它们遇到"强势他者"时，都不可避免地会产生寻找"独立自主的道路"的想法，以凸显差异性的方式来对抗被同化的宿命。

## 第四节　后苏联时期俄罗斯文明圈重建的可能范式

如上文所述，欧亚主义继承了自"莫斯科—第三罗马"学说乃至斯拉夫主义的"异—西方"传统，在苏维埃政权要彻底根除俄罗斯文化传统之时，提出了欧亚主义的理论设想。这可以被看作欧亚主义者已预感到，意识形态在广阔的"欧亚洲"上可能出现黏合度和凝聚力的不足和失效的情

① Federico Romero，The Twilight of American Cultural Hegemony：A Hisitorical Perspective on Western Europe's Distancing from American，What They Think of US：International Perspectives of the United States since 9/11，David Farber ed.，Princeton University Press，2007：172.

况，并为此进行的一种理论探索。

如果从俄罗斯文明圈的解构—建构视角来看，这是在俄罗斯文明圈面临全面解体危机的情况下，俄罗斯知识分子提出的重构俄罗斯文明圈的一种可能方案，或文化认同范式，但它又与之前的斯拉夫主义所提供的认同范式有所不同。

本节主要围绕斯拉夫主义与欧亚主义所提供的文化认同范式进行分析，同时探讨在苏联解体之后，欧亚主义在当下俄罗斯重建地缘政治空间中所发挥的重要的理论作用。

## 一、斯拉夫主义：文化—血缘型认同范式

“范式”这个概念出自托马斯·库恩的《科学革命的结构》一书，它最初只是作为描述科学阶段论的一个概念，库恩认为，每一个阶段的科学发展都有其特殊的内在结构，而体现这种结构的模型就是“范式”。但后来这个概念被广泛地运用到科学阶段论之外的不同学科领域之中，用于指称所有可以体现某种结构的模型（Mode），因此，我们提出的“认同范式”主要是指可以体现某个群体是如何进行自我认同的模型。

如上文所述，斯拉夫主义和欧亚主义是俄罗斯知识分子为了应对俄罗斯文明圈所面临的解构危机而提出的两种学说。这两种学说的实质都是为生活在俄罗斯（沙俄以及后来的苏联）疆域内的人类群体构建共同的认同范式。

换言之，这两种学说的根本理论指向是想要建立某种模型，并使所有生活在俄罗斯疆域上的人类群体都按照这个模型来进行自我认同。但进一步来说，两者除了根本的理论指向趋同之外，还具有更为深刻的相关性。

斯拉夫主义形成于西方文明圈解构俄罗斯文明圈最为关键的19世纪上半期，所以，斯拉夫主义的根本理论指向是反对西方，捍卫斯拉夫世界与文化的纯粹性。

进一步来说，纯粹的俄罗斯文化不仅是俄罗斯民族的文化，也是所有斯拉夫民族的共同文化，因为“一些斯拉夫民族之间无疑存在着文化历史联系，尤其是语言联系”。①

① 笔者译自 Трубецкой Н.С.，Мы и другие，Евразийский Временник，Берлин，1925：66–81.

因此，从认同范式的类型上看，斯拉夫主义显然是要建立“**文化—血缘型**认同范式”，让人们根据斯拉夫各民族之间的血缘联系来进行自我认同。

那么，斯拉夫世界究竟有多大呢？斯拉夫主义乃至后来出现的泛斯拉夫主义①都没有超越东欧平原的界限，仍然局限在“斯拉夫世界”之内。后来的俄罗斯民族主义者，如索尔仁尼琴更进一步缩小了“斯拉夫世界”的范围，他们所要建立的俄罗斯文明圈“包括所有的俄罗斯人，加上紧密相连的斯拉夫东正教白俄罗斯人和乌克兰人，除此之外，别无其他民族”。②

由此可见：第一，斯拉夫主义就其实质而言就是斯拉夫派为应对西方文明圈的解构而提出的一种新的认同范式；第二，这种认同范式试图通过强调俄罗斯文化的纯粹性和独特性在斯拉夫世界中重建俄罗斯文明圈；第三，这种认同范式更进一步表现为血缘型认同范式，通过强调斯拉夫世界各民族之间存在的血缘—文化联系来进行文化认同。

如果从当代本土化和宗教复兴的趋势来看，斯拉夫派的主张相当具有前瞻性。斯拉夫派认为，“西方腐败”的根源是丧失了信仰，因此，纯正的东正教信仰是俄国实现自救并在未来拯救“西方”的根本性力量。

以此反观自 20 世纪下半叶开始的全球性宗教复兴趋势，与 100 多年前斯拉夫派对“西方生病了”的诊断以及开出的“药方”惊人得相似。正如亨廷顿所说，“从这种意义上来说，非西方的宗教复兴是非西方社会反对西方化最强有力的表现。这种复兴并非反对现代性，而是拒绝西方，以及与西方有关的世俗的、相对主义的、颓废的文化”③。

## 二、欧亚主义：文化—地缘型认同范式

如果说斯拉夫主义是让人们根据斯拉夫各民族之间的血缘—历史联系

---

① 泛斯拉夫主义是 19 世纪下半期的一种俄国思潮，是当时东欧泛斯拉夫主义思潮在俄国的变种。它包括以下两个基本观念：第一，世界是二分的：西方—罗马—日耳曼世界与东方—希腊—斯拉夫世界是对立的；第二，斯拉夫世界应该实现统一，而俄罗斯将是这个新世界的中心。

② [美] 塞缪尔·亨廷顿：《文明的冲突与世界秩序的重建》，周琪等译，新华出版社，2010 年版，第 123 页。

③ [美] 塞缪尔·亨廷顿：《文明的冲突与世界秩序的重建》，周琪等译，新华出版社，2010 年版，第 83 页。

来进行自我认同的话，那么，欧亚主义则是为了突出所有生活在“欧亚洲”上的民族所共有的地缘—历史因素以及共同建立起来的“欧亚文化”，这是一种超越血缘界限的“**文化—地缘型**认同范式”。

众所周知，“欧亚主义”（Евразийство）一词是从其同根词“欧亚大陆”[①]（Евразия）演变而来的。特鲁别茨柯依首次使用并阐释了这个概念：“以前被称为俄罗斯帝国，现在叫作苏联的国家之民族基底，只有住在该国所有民族的全体总和才能构成，这个国家被看作特殊的人口众多的民族国家，拥有自己的民族主义，我们称这个国家为欧亚主义国家，它的领土是欧亚大陆，它的民族主义是欧亚主义。”由此可见，欧亚主义的视域已远超过“斯拉夫世界”，覆盖了整个沙俄帝国的领土。

当然，这种视域上的差异与其建构者生活时代的俄国所辖地域的大小有关。俄国自彼得大帝开始，经过叶卡捷琳娜二世，到 19 世纪时已经成为一个欧洲强国，而且俄国的历代沙皇都热衷于对外扩张，这使得其版图不断增加。

但俄国对亚洲（尤其是中亚和远东地区）产生实质性影响仍主要在 19 世纪下半期。虽然在此之前，俄国对西伯利亚的入侵已断断续续持续了 300 多年，但这么长的时间足以实现“俄罗斯化”，所以，这些所谓的“亚洲人”早已成为了斯拉夫人，因此，在 19 世纪斯拉夫主义兴起之时，不存在建立超越血缘认同的新的认同范式的必要性，而主要是为应对西方文明圈对俄罗斯文明圈的冲击，所以，斯拉夫主义者要突出强调俄罗斯文化的纯粹性和独特性，以此确立西方之外的另一个“世界中心”。

但到了 20 世纪初，俄国的版图已扩张到了固有的“斯拉夫世界”之外，而且，意识形态的铁幕已经把俄罗斯与西方世界隔离开来，因此，虽然欧亚主义仍然强调俄罗斯文化的独特性，但已不否认西方文化对俄罗斯文化的影响。与此同时，欧亚主义者也前瞻性地意识到了意识形态（共产主义）在维系这个庞大帝国时所表现出来的局限性。

因此，欧亚主义者认为，“我们的任务是当俄国不再是欧洲文明的扭曲反映时，当俄国再次回归自我成为俄罗斯—欧亚、自觉地继承和维护成吉思汗的伟大遗产时，创建一种崭新的文化，一种不同于欧洲文明的我们自己的文化。”[②] 换言之，欧亚主义所面临的问题是如何在新的地缘—政治

① “欧亚大陆”的概念是由奥地利地理学家苏斯引入的。

② [俄] 萨文茨基：《欧亚主义》，曲炜摘译，《哲学译丛》，1992 年第 6 期，第 68 页。

空间中保持俄罗斯文明圈的势力范围，这就要求建立一种超越血缘认同的新范式。

## 三、苏联解体和苏共亡党的教训

1991 年底，苏联作为一个地缘政治实体宣告解体，继承它的是 15 个民族国家。[①] 很多学者在谈到苏联解体时都会使用“不可思议”、“毫无征兆”等词汇来描述。这些描述表明了一个基本事实，苏联解体似乎是一个突发的重大事件，完全超乎人们的想象。

唯物史观认为，重大历史事件都是一种“合力”作用的结果，苏联解体也必然是多种因素共同作用的结果，其中有长期积累下来的历史根源，也有一些现实的诱因。

因此，关于苏联解体的原因，理论界历来众说纷纭，莫衷一是。最常见的有四种说法：西方因素、内部原因、历史原因、苏联因素。当然还有葬送说、和平演变说、民族矛盾说、上层自决说、经济没搞好说、斯大林模式说、错误路线说、意识形态说、抛弃说、历史合力说等多种说法。

众所周知，我国的社会主义革命与建设深受苏联的影响，因此，我们需要客观、实事求是地总结苏联解体和苏共亡党的教训。中共十六届六中全会告诫我们要“居安思危”，我们要充分意识到“危”在哪里，才能更好地进行社会主义现代化建设。

首先，应该加强执政党自身的建设。习近平总书记在 2013 年 2 月召开的中央纪委一次全体会议上总结苏共亡党和苏联解体的历史教训时强调指出，党内的消极腐败现象和不正之风给苏联带来了严重危害。

其主要表现在：其一，苏联党员队伍庞大且鱼龙混杂，对党员的政治教育进行得不够及时和深入，严重破坏了党的形象。其二，苏联党的干部腐化现象严重，破坏了党的自身建设。其三，苏联党政机关专制主义十分严重。这也是苏联解体后，人们对苏联体制批判最多的地方之一。

其次，改革不应该丢掉党对国家的领导权。苏联是在戈尔巴乔夫的改

① 独立后的国家分别是俄罗斯、乌克兰、白俄罗斯、摩尔多瓦、中亚五国（乌兹别克斯坦、哈萨克斯坦、吉尔吉斯斯坦、塔吉克斯坦、土库曼斯坦）、高加索三国（格鲁吉亚、亚美尼亚、阿塞拜疆）、波罗的海三国（爱沙尼亚、拉脱维亚和立陶宛）。

革中解体的。当时的苏共虽然变质到十分严重的程度，但未必不能起死回生。但在“新思维”的影响下，“公开性”已经到了毫无限制的程度。苏共当时已经丧失了对知识界和新闻界的控制权，也不能控制新出现的三万个社会组织，这最终导致了“反苏反社会主义”浪潮的出现。

再次，经济建设要尊重客观规律。习近平总书记曾指出，“列宁逝世以后，斯大林在领导苏联社会主义建设中，逐步形成了实行单一生产资料公有制和自上而下的指令性计划经济体制、权力高度集中的政治体制。苏联模式在特定的历史条件下促进了苏联经济社会快速发展，也为苏联军民夺取反法西斯战争胜利发挥了重要作用。但由于不尊重经济规律等，随着时间推移，其弊端日益暴露，成为经济社会发展的严重体制障碍。进入20世纪80年代后，面对经济发展困境，苏联和东欧国家也想进行一些调整，但在西方等各种势力强大攻势下，这种调整偏离了正确方向，终于导致1989年东欧国家先后发生剧变，1991年苏联解体、苏共解散，使社会主义遭受了重大曲折”。①

最后，要坚持独立自主的现代化道路。戈尔巴乔夫很在意美国对自己的评价，他所实行的“公开性”原则，倡导的“文化领域的自主权”等在一定程度上都是希望得到西方的帮助。因此，我们可以与西方正常交往，但要立足于本国国情，始终坚持中国特色社会主义道路。

苏联的解体终结了两极的对立，在后冷战时代，世界格局也因此发生了根本性变化。意识形态的对立因为苏联的解体消失了。对立的两极重又陷入自我认同的建构之中。

对美国而言，失去了敌人就失去了建构认同的基础。正如亨廷顿所言，“只要能在心理上跟另一批人为敌，我们自己就会加强凝聚力”、“要有别人，人们才能给自己界定身份”。②

对苏联的各加盟共和国而言，寻找和建构民族认同更加艰巨。它们需要完成由对共产主义意识形态和大一统苏联的认同转向新的认同，比如对民族国家的认同等。时至今日，这种转变仍远未完成。乌克兰出现的“橙色革命”、车臣持续不断的武装冲突、波罗的海三国的“脱俄入欧”等便

---

① 摘自《习近平总书记系列重要讲话读本》，《人民日报》，2014年10月13日。

② [美] 塞缪尔·亨廷顿：《文明的冲突与世界秩序的重建》，周琪等译，新华出版社，2010年版，第23页。

是很好的例证。

关于群体的自我认同至少应具有以下两个基本特性：其一是相对性；其二是开放性。

关于自我认同的相对性，亨廷顿在《我们是谁？——美国国家特性面临的挑战》中曾有如下描述："Identities 有广有狭，以何者为重，视情况而定。法国人与德国人一起，会想到自己是哪国人，但在世界各地，他们会想到自己都是欧洲人，如乔纳森·默塞所说，当出现更广的我们与他们，例如欧洲人和日本人之间的区别时，法国人和德国人之间的区别就退居次要地位了。"①

开放性主要是指群体的自我认同始终在建构中、在想象中。正如本尼迪克特·安德森在《想象的共同体——民族主义的起源和散布》一书中所写的那样："民族的属性以及民族主义，是一种特殊类型的文化的创造物。"②民族是被想象出来的"有限的"、"享有主权的共同体"。在不同的历史时期，民族这个概念的内涵与外延也会不同。

而且，迄今为止，尚没有哪个民族完成了自我意识的建构，达到自己的"应许之地"，所以，吉姆·麦圭根在《重新思考文化政策》中指出："所有国家都以这样那样的形式去构建民族国家的'想象的共同体'，包括最现代的美国。"③文化政策也成为了民族国家构建民族自我意识、形成公民文化身份的重要形式和途径。④群体自我意识的这两个特征保证了实现自我认同的可塑性，也成为重建文明圈各种可能方案的基本前提。

对于继承了苏联主要政治遗产的当代俄罗斯而言，重构民族的自我意识，重建俄罗斯文明圈就显得异常重要，特别是在其疆域已恢复到 16 世纪之初的边界，而大西洋组织又在不断靠近其地缘政治空间的今天，因此，西方派与斯拉夫派的论战再次响起。而欧亚主义在后苏联时期重建地

---

① ［俄］塞缪尔·亨廷顿：《我们是谁？——美国国家特性面临的挑战》，程克雄译，新华出版社，2005 年版，第 22 页。

② ［美］本尼迪克特·安德森：《想象的共同体——民族主义的起源和散布》，吴叡人译，上海人民出版社，2005 年版，第 4 页。

③ ［英］吉姆·麦圭根：《重新思考文化政策》，何道宽译，中国人民大学出版社，2010 年版，第 81 页。

④ 但这里需要指出的是，麦圭根对于文化政策的这种"展示"或象征功能是持批判态度的。他认为，文化政策成为政府象征国家权力或"某一社会等级的公开炫耀"，这会挤占文化政策"本身"的地盘。

缘政治空间中更是发挥了相当重要的理论支撑作用。

## 四、欧亚主义与当代俄罗斯的地缘政治空间重建

苏联解体既是俄罗斯文明圈第二次解构的终点，更是其第三次建构的起点。这次建构应与后苏联时期俄罗斯的现代化转型相平行。这次转型较之18世纪彼得大帝改革要复杂和艰难得多。

当代俄罗斯正处于意识形态的真空之中，这就使得沉寂了百年之久的“斯拉夫派与西方派之争”烽烟再起。如何重构意识形态的力量就成为此次俄罗斯文明圈建构的关键所在。之前欧亚主义始终强调的“综合性”在当代俄罗斯文化重构中就显得异常重要。

苏联的解体使得俄罗斯的地理疆域急剧缩小：高加索地区和中亚地区的边界都退回到了19世纪；其在西部的边界则退回到了1600年伊凡四世统治之后不久。在几个世纪以来一直由沙皇俄国占据、后又有70多年被以俄罗斯为主导的苏联占据的地域上现在却出现了12个主权国家，它们对于俄罗斯而言又具有极其重要的地缘政治意义。

这些国家所占据的地区被称为“枢纽地区”。[①] 哈·麦金德在其1904年向英国皇家地理学会宣读的《历史的地理枢纽》论文中，提出了这个著名概念。但它不仅是作为纯粹意义上的地理学概念，更是作为一个地缘政治概念而被提出的。

麦金德所划分出来的枢纽地区位于欧亚大陆的腹地，分布着广阔的草原，适合于游牧民族的机动作战，历来就是游牧民族向定居民族或者说“蛮族”向“文明世界”进攻的根据地。

作为1919~1920年英国驻南俄的高级专员，麦金德认为“现在俄国取代了蒙古帝国。它对芬兰、斯堪的纳维亚、波兰、土耳其、波斯、印度和中国的压力取代了草原人的向外出击。在全世界，它占领了原有德国掌握的在欧洲的中心战略地位。除掉北方以外，它能向各方面出击，也能受到来自各方面的攻击”。[②]

---

① 后来哈·麦金德在1919年出版的《民主的理想和现实》中，使用“心脏地带”取代了“枢纽地区”。

② [英] 哈·麦金德：《历史的地理枢纽》，林尔蔚、陈江译，商务印书馆，2011年版，第68页。

因此，他认为，“谁统治东欧，谁就能主宰心脏地带；谁统治心脏地带，谁就能主宰世界岛；谁统治世界岛，谁就能统治全世界。”①

由此可见，苏联的解体导致俄罗斯失去了对“枢纽地区”的控制权，也因此失去了与美国共享全球霸权的机会和资本。随着近年来北约的不断东扩，美国的势力正在逐渐接近俄罗斯地缘政治空间的核心地区，这更凸显了再造独联体的重要性。

事实上，俄罗斯在苏联解体之初曾有过短暂的“向西方一边倒”的政策期，当时的“中亚地区是新俄罗斯政府发展和靠拢西方的包袱，欲弃之而后快”，② 但俄罗斯的热情一再遭到美国的冷遇，美俄关系的“蜜月期”便也很快结束。

此后，俄罗斯进入外交政策的调整期，开始重新审视其与周边国家的关系问题。自此俄罗斯开始积极利用独联体各国对其在安全、交通和能源等方面的依赖和要求，企图实现独联体经济、军事和政治的高度一体化。

正如叶利钦在 1995 年 9 月发表的俄罗斯对独联体政策的正式文件中所称：“俄罗斯对独联体政策的主要目标是建立一个能在国际社会上占有适当位置的政治、经济一体化的国家联盟，以巩固俄罗斯在后苏联空间政治经济关系中的领导力量的地位。”③ 换言之，“俄罗斯在探索取代苏联，建立新的欧洲和亚洲独立国家联盟的构想。”④ 普京更在 2013 年伊始就公开表示要正式建成“欧亚联盟”，再造独联体。⑤ 但如何才能实现这种重构呢？

显然，欧亚主义在当代俄罗斯的复兴正体现了这种历史需求。正如俄罗斯著名学者、现代欧亚主义者 A.C.帕纳林所言：“欧亚主义的重新兴起是苏联解体后客观现实的要求：维护后苏联空间的整体性和俄罗斯国家整体性的需求；探索在后工业、后现代社会俄罗斯发展道路的需求。所以，在这些问题上，现代欧亚主义有许多合理的思想，应引起重视。”⑥ 自此，

---

① ［英］哈·麦金德：《历史的地理枢纽》，林尔蔚、陈江译，商务印书馆，2011 年版，第 14 页。

② 汪金国：《多种文化力量作用下的现代中亚社会》，武汉大学出版社，2006 年版，第 274 页。

③ ［美］兹比格纽·布热津斯基：《大棋局：美国的首要地位及其地缘战略》，中国国际问题研究所译，上海人民出版社，2007 年版，第 88 页。

④ 素瑞雪：《俄罗斯学者关于欧亚主义问题研究综述》，《俄罗斯中亚东欧研究》，2006 年第 6 期，第 77 页。

⑤ 可参见《中国新闻周刊》2013 年 1 月 18 日的《普京拟 2015 年正式建成欧亚联盟》一文。

⑥ Евразийство, за и против, вчера и сегодня（материалы круглого стола）//Впросы философии, 1995（6）：3–48.

欧亚主义开始在70年后的俄罗斯本土复兴。

欧亚主义复兴最早出现在学术界，随后在俄罗斯的外交政策调整中发挥重要作用。1992年8月，由学者、社会人士和政府官员组成的外交与国防政策委员会发表了一份题为《俄罗斯战略》的研究书。在这份研究书中提出：一些独联体国家对俄罗斯周边的安全具有重要的战略意义；应通过独联体各国能接受的一体化形式来重新构建共同的经济空间。

事实上，即使在苏联时期，欧亚主义的超血缘认同范式也在不同形式地发挥着作用。赫鲁晓夫在1961年10月举行的苏共第二十二大上提出一个“苏联人民”的概念：“在苏联形成了具有共同特征的不同民族人们的新的历史共同体，即苏联人民。”①

由于语言作为人类群体形成自我认同的基本因素之一，在各大文明圈的构成中始终发挥着重要作用，因此，首先，在重建俄罗斯文明圈的过程中，俄语同样会起到关键性作用。

苏联解体后，大部分原来的加盟共和国都开始“去俄语化”进程，积极恢复民族语言。但不可否认的是，经过近70年强制性的“俄语化”及“俄罗斯化”之后，“去俄语化”将很难实现。在这些新近获得主权的国家中，仍有2000万左右说俄语的人存在，其中还不包括那些既会说俄语又会说本民族语言的双语人口，而后者在这些国家人口中所占的比例不会很小。可以说，俄语仍是这些国家最基本的通用语言。

其次，各种区域性合作组织的出现也有利于加强苏联各加盟共和国之间的联系和沟通，促进俄罗斯文明圈的重构。除去独联体之外，1999年俄罗斯、白俄罗斯、哈萨克斯坦、吉尔吉斯斯坦和塔吉克斯坦更建立了欧亚经济共同体，形成“关税同盟”，为这些国家实现经济一体化奠定了基础。

更为重要的是，在关税同盟的基础上，2012年1月1日，俄、白、哈三国启动统一经济空间，负责三国一体化进程的超国家机构——欧亚经济委员会也开始投入运行。2014年5月29日，欧亚经济委员会最高理事会会议在哈萨克斯坦首都阿斯塔纳举行，俄罗斯总统普京、白俄罗斯总统卢卡申科和哈萨克斯坦总统纳扎尔巴耶夫共同签署了《欧亚经济联盟条约》。

根据这一条约，欧亚经济联盟将于2015年1月1日正式启动，到

① 王治来：《中亚简史》，人民出版社，2010年版，第330页。

2025 年俄白哈将实现商品、服务、资金和劳动力的自由流动，形成一个拥有 1.7 亿人口的欧亚统一市场。欧亚经济联盟的实施是后苏联时期俄罗斯推进空间一体化的重要举措，尽管受到乌克兰危机的影响，但却奠定了地区间经济一体化的基础。

2002 年俄、白、哈、吉、塔、亚六国共同签署了《独联体集体安全条约组织宪章》，使独联体集体安全条约升级为组织，为这些国家实现军事一体化奠定了基础。

最后，在所有这些国家中，中亚五国对于俄罗斯又具有极其特殊的意义。自 19 世纪俄罗斯征服中亚以来，这里一直是俄国重要的石油、天然气、棉花、有色金属等能源的供应地，也是俄罗斯进行纵深防御的缓冲地带。但随着苏联的解体，俄罗斯正逐步失去对该地区的控制权。里海盆地丰富的能源及其重要的战略位置，已使其成为世界各国进行利益角逐的“逐鹿之地”。中亚自古以来又处于几大文明圈（中华文明圈、俄罗斯文明圈、伊斯兰文明圈和西方文明圈）的影响之下，因此在文化归属问题上始终存在不确定性。这就成为俄罗斯文明圈重构的主要障碍。

谈到中国与中亚的关系问题，对于一些中国人而言，“中亚”这个地名或许稍显陌生，但“西域”却是耳熟能详的。汉代张骞出使西域打通了“丝绸之路”，从此，“西域”便成为与中国西部相邻的那一片区域的名称。唐朝时中亚曾完全归入中国版图，虽然后来中国在中亚的影响力有所减弱，但双方始终互通有无，而且这种断断续续的交往一直持续到 19 世纪俄国完全控制中亚为止。

2001 年 6 月 15 日，中国、俄罗斯与中亚五国成立上海合作组织，这是近年来中国与中亚之间成立的最高级别的地区间合作组织。它是在 1996 年启动的中亚五国上海会晤机制基础上的进一步组织化。虽然该组织目前主要致力于促进各方的经济往来以及共同打击恐怖主义、极端民族主义和分裂主义，但考虑到中亚的文化认同尚未完成，似乎有必要加强上合组织文化建设方面的理论研究工作。

由此可见，第一，苏联的解体使俄罗斯文明圈丧失了原有的意识形态支撑，但与此同时，这些国家尤其是中亚五国对俄罗斯来说又具有极其重要的地缘政治意义，所以俄罗斯需要重构俄国原有的地缘政治空间。

第二，在这个重构的过程中，欧亚主义的地缘认同模式因其独有的**综合性**更容易为独联体各国所接受，因此，在当代俄罗斯的地缘政治中发挥着越来越重要的作用。

第三，除了俄罗斯有“再帝国化”的需求之外，包括伊朗、土耳其、蒙古国、美国（布热津斯基口中唯一的全球性国家）等在内的许多国家都在积极地参与中亚等国的文化认同重构过程，因此，上合组织是否需要增加一些文化方面的考量，这是一个值得深入研究的问题。

## 本章小结

总之，俄罗斯文明圈每一次建构中都包含了解构的因子，而每一次解构又构成了下一次建构的起点。如此循环往复，俄罗斯文明圈便始终处于“尚未完成之中”。这种“尚未”的特征也应是其他文明圈的基本特征。究其根源大体是由于各个民族的自我意识仍处于建构之中。但这并不妨碍知识分子们追求“完成”的决心。

面对着西方文明圈的冲击，斯拉夫主义提出了捍卫俄罗斯文化纯粹性的血缘认同范式；面对着后革命时期俄罗斯文明圈精神基础所遭到的致命打击，欧亚主义提出了超越血缘的地缘认同范式。

虽然这两种范式不断被后人所诟病，但正是自“莫斯科—第三罗马”、斯拉夫主义直至欧亚主义所延续的“自主性意识”支撑着俄罗斯文明圈的基础，使其没有走向完全消亡的结局。

事实上，俄罗斯民族自 988 年罗斯受洗开始，就始终相信自己的超民族使命，或者寻求“斯拉夫世界”的中心位置，或者寻求在“欧亚洲”上的核心位置，无论何种尝试都是在进行着重构俄罗斯文明圈、成为“完成了的”民族的努力。

# 结　语

本书的撰写历时有近三年之久，时间虽不短，但其中一些观点与想法仍不甚成熟，得出的以下结论也难免有所不足，甚至是谬论，难免贻笑大方，仅希望以此引起对以下问题的研究关注和兴趣：

第一，关于俄罗斯文明圈，通过研究我们认为，它始终处于建构—解构的双向运动之中，在每一次建构过程中已经包含了解构的因子，而每一次解构的结果又成为下一次建构的起点。这与俄罗斯民族尚未完成的“自我意识”密切相关，而且包括俄罗斯民族在内的所有民族都没有完成“自我意识”的建构，到达“应许之地”。

第二，关于斯拉夫派与西方派的争论，我们认为有以下几个方面值得关注：

首先，两派争论实现了对一向表现为关于历史发展道路的选择困惑的俄罗斯意识的首次命名，而这种命名就使得这种潜在的、模糊的意识明确起来。

其次，两派争论不仅在苏联解体后的当代俄罗斯，而且在几乎所有面临现代性转型的非西方国家都在不断地回响与延续，且“俄罗斯与西方”的问题被演绎为不同的版本。

最后，虽然斯拉夫派与西方派的争论最终以西方派的胜利而告终，整个俄罗斯历史也是按照西方派的理性进步原则发展的，但斯拉夫派所强调的“自主性意识”却使得俄罗斯思想史成为一个偏心结构，几乎所有思想家都对“俄罗斯意识”进行过评说与阐释，这应是对这种偏心结构所做的最好注释。

第三，关于赫尔德与斯拉夫派，我们虽未找到赫尔德的文明有机论与斯拉夫派历史观之间关系的直接证据，但通过之前的分析与论述，我们认为，斯拉夫派有可能通过谢林接触到了赫尔德的文明有机论，并对其进行了创造性的运用。文明有机论也通过斯拉夫派传到丹尼列夫斯基那里，后者在此基础上形成了文明史观，甚至影响到了汤因比和亨廷顿。文明有机论在俄国的发展脉络值得我们进一步研究。

第四，关于黑格尔的主奴关系辩证法，虽然有些学者认为，黑格尔已经过时，但他的主奴关系阐释框架却被翻译为很多现代版本。主奴关系在现代性语境中，原发型现代性国家就成为获得承认的“主人”，而后发型现代性国家就是尚未获得承认的“奴隶”，“奴隶”因始终无法扬弃自身而表现为奴隶的苦恼意识。

俄罗斯作为迟到的转型国家也因作为“强势他者”的“西方”的存在而始终不能摆脱“分裂意识”，为摆脱分裂意识就必须获得“西方”的承认：或者成为另一个西方，或者成为“异—西方”。

“异—西方”的观念由来已久，自“莫斯科—第三罗马”学说以来，俄罗斯民族就始终相信自己是神选民族，是肩负神圣使命的民族，所以，它不甘心成为另一个民族的“副本”。

第五，关于欧亚主义，我们认为，它是斯拉夫主义的强版本，延续了斯拉夫主义的自主性意识，但与此同时，它又比斯拉夫主义更为明确地表达了俄罗斯应成为“欧亚洲”的中心，而不仅限于“斯拉夫世界”的中心的诉求。

同时，斯拉夫主义与欧亚主义又是俄罗斯文明圈重建的两个认同范式，斯拉夫主义通过强调俄罗斯文化的纯粹性和斯拉夫各民族之间的历史—文化联系试图建立血缘—文化认同范式，而欧亚主义则要超越血缘认同，强调俄罗斯文化作为欧亚文化的综合性及共同生活在“欧亚洲”上的各民族之间的历史—文化联系建立地缘—文化认同范式。这种范式在后苏联时期俄联邦重建地缘政治空间中发挥了重要作用。

总之，俄罗斯作为后发型现代性国家，始终不能摆脱“分裂”的宿命，但却从未放弃为争取承认而斗争的努力。从目前俄罗斯文化的发展趋势上来看，争取承认的方式依然是“异—西方”观念占主导的，且这种观念为超越性精神所支撑（关于这个问题，可参见附录部分的一篇文章，其中专门谈到，东正教在当代俄罗斯文化重建中正发挥着越来越重要的作用）。

同样作为文明型国家的中国，也在探索不同于西方的现代化道路，希望以上这些浅薄的思考能对中国的现代化转型有所启发和借鉴。

# 附录一　冯维津与叶卡捷琳娜二世的问与答[①]

**导语：** 杰尼斯·伊凡诺维奇·冯维津[②]（1744–1792）是18世纪下半叶俄国最杰出的剧作家、文学评论家，他批判当时的社会现实，写下了众多讽刺作品，其中最为著名的喜剧作品包括《纨绔少年》、《旅长》等。他还著有《法国书简》和一系列讽刺文章。

18世纪是俄国西方转向的重要时期，到了18世纪下半叶，特别是叶卡捷琳娜二世时期，俄国学习西方的进程已从器物层面深入到文化思想层面。但从彼得改革开始甚至更早，俄国人对完全照搬西方文化的现象就非常担心。

俄国的思想史与文学史关系密切，文学史的主题也在相当程度上反映了思想史发展过程中的各个节点。当时的俄国文学仍主要以模仿西方为主，但到了冯维津所生活的时代，俄国现代文学的发展出现了突破性进展，开始出现一些具有俄罗斯民族特色的文学创作。这些文学创作对当时俄国的社会现实进行了批判和讽刺，社会批判成为18世纪思想史和文学史共同的核心话题。

冯维津的两部经典作品都是在此背景下创作出来的。《纨绔少年》主要讽刺了在"贵族自由令"[③]庇护下那些野蛮、粗鲁和自私的乡村贵族生活，生动地刻画了米特罗凡作为愚昧无知、自私自利的贵族代表这一经典的文学形象。《旅长》则主要批判了京城贵族盲目崇外的现象。

1783年，冯维津在《俄语语言爱好者谈话良伴》上发表了《某些能引

---

① 原文收录于Арс.И.维捷斯卡果主编的《女皇叶卡捷琳娜二世文集》，圣彼得堡，А.Ф.马尔克斯（出版商），1893年版。

② 之前更多人将其翻译为"冯维辛"，但如果按照俄文发言，"冯维津"似乎更为合适。

③ "贵族自由令"最早由彼得三世颁布，宣布贵族可以完全不负担任何公民义务，不为国家服役。1762年叶卡捷琳娜二世即位后重申了这项规定。

起聪明和正直的人们特别注意的问题》，女皇以“《真话与谎言》的作者”为笔名亲自回答了这20个问题，这就是本文“问与答”的起源。

这篇“问与答”从内容上可以分为两个部分：一部分是作为进步贵族，直接批评了叶卡捷琳娜二世统治下俄国社会存在的种种弊端；另一部分是作为民族主义者，指出了当时俄国因全盘西化而丧失民族性的可能。

叶卡捷琳娜二世统治初期，确实在科学、教育、新闻出版等领域实行开明政策，女皇本人也与欧洲启蒙思想家伏尔泰、狄德罗、格林等人保持长期通信，但后来发生的普加乔夫起义和法国大革命使其自由主义思想彻底改变，在其后的统治中加强了农奴制，政治腐化，宠臣当道，很多正直的人都被迫赋闲在家。

冯维津在1770~1783年曾担任当时的外交大臣、政府反对派领袖潘宁的私人秘书，并在其指导下完成了《论国家大法之必要》（或称《潘宁遗嘱》），提出应用“国家根本大法”对君权加以限制，并赋予正直的贵族阶层以一定权力，与君主共同治理国家等。这构成了本文“问与答”的基本写作背景。

尽管“问与答”篇幅不长，但其在俄罗斯思想史上的地位不容小觑。首先，它反映了当时受到西方启蒙影响的先进贵族群体对社会现实的批判意识。以冯维津为代表的进步贵族反对君主专制、主张废除农奴制，这在农奴制的黄金时代是相当具有进步意义的。

其次，“问与答”率先提出了“民族性”的问题，冯维津也在其他作品中讽刺地批判了盲目照搬西方的现象，表达了追求自主性民族精神（民族性）的诉求，这使其成为斯拉夫派的精神先驱。

最后，冯维津形象中的双重性反映了19世纪以后直至今天俄国知识分子的典型特征。他们并不排斥现代化进程及其所带来的社会变革，但他们拒绝以牺牲民族自主性换来的全盘西化。这在19世纪上半期出现的西方派与斯拉夫派的争论中获得了充分的表达。

因此，我们不应忽视18世纪末俄国思想史上的这个重要事件，现将其全文翻译如下，以飨读者，并附冯维津在叶卡捷琳娜二世做出回答以后所做的辩解。

**1. 问**：为什么我们还在为已被其他地方的人们确定不疑地接受的那些真理而争吵不休？

**答：**我们与其他任何地方的人们并无二致，都在为自己不喜欢或不甚明了的事情而争吵。

**2. 问：**为什么我们国家许多善良的人们却赋闲在家？

**答：**许多善良的人们辞去公职，或许是因为他们在赋闲的生活中获得了更多的好处。

**3. 问：**为什么我们所有人都负债累累？

**答：**人们会负债是因为他们在无聊地混日子，那怎么会有收入呢？

**4. 问：**如果所有公民都可以按照功绩被授予贵族头衔，为什么从来没有一个商人获得贵族头衔，而贵族头衔却总是被授予工厂主或包税人呢？

**答：**这是因为一些人比另一些人富有，会有更多建功立业的机会。

**5. 问：**为什么我们国家诉讼双方不能自行印刷诉讼和政府的裁定呢？

**答：**因为在 1782 年之前，俄国没有自由的印刷厂。

**6. 问：**为什么不只是在圣彼得堡，就连在莫斯科也很难找到品德高尚之人的小圈子？

**答：**因为俱乐部泛滥成灾。

**7. 问：**为什么在我国的大部分地区贵族并不热衷于将自己的孩子培养成人，而热衷于使他们成为近卫军的士官？

**答：**因为后者较前者要容易得多。

**8. 问：**为什么在我们的交谈中空无一物？

**答：**因为他们都在说谎话。

**9. 问：**为什么那些著名的、显然是游手好闲的人却可以在所有地方与正直的人获得相同的待遇？

**答：**实际上这些游手好闲之人还没有被揭穿。

**10. 问**：为什么在立法时代却没有人想过在这方面有所作为？

**答**：因为这不是任何人都能管的寻常事情。

**11. 问**：为什么那些本应见证为国家效力的荣誉勋章却很难在人们心中激起哪怕一丁点儿尊重？

**答**：这是因为所有人都喜欢和尊重与自己相似的人，而不是社会和特别的贤德之人。

**12. 问**：为什么我们不为自己的无所作为而感到惭愧？

**答**：因为做坏事才会令人感到惭愧，但在社会中生活并不是无所事事。

**13. 问**：怎样才能拯救贵族们堕落的心灵？怎样才能把对道德高尚优越性的漠视从心灵中驱逐出去？怎样才能使贵族的尊号成为他们高尚心灵毫无疑问的明证？

**答**：今昔对比，人们的心灵是振奋了抑或消沉了，这是很显然的。而且人们的外表、步态等也说明了这一问题。

**14.问**：为什么女皇身边会有一些不诚实的人，妨碍着女皇采取普世的规则，使其不能只因人们做真诚的事情才能承蒙女皇的恩赐，而一味纠缠于这些人的欺骗与狡诈？

**答**：这是因为在任何地方、任何时期都还没有出现完美的人。

**14）. 问**：为什么过去的弄臣、小丑、插科打诨者没有官职，现在却当上了大官？[①]

**答**：这是因为我们的祖先并不是都能断文识字，注意，这个问题的提出是由于我们的祖先没有随意饶舌的恶习。

**15.问**：为什么许多在外国被认为是聪明的人，在我们这里被认为是傻瓜；相反，我们这里的聪明人在外国常常是傻瓜?!

**答**：这是因为人各有所好，每个民族也都有其自己的思想。

---

① 原文即有两个 14 的编号，即 14 和 14）。

**16. 问：** 大多数贵族的自尊心会在哪里受到伤害：是心里还是头脑中？

**答：** 在犹豫不决之间。

**17. 问：** 为什么在欧洲，即使那些才智相当有限的人也可以清楚明白地书写书信，但在我国那些最聪明睿智的人却含糊其辞呢？

**答：** 因为在那里所有人都用同样的文体书写；而我们每个人都有自己的思想，又并不总是借助书写来表达。

**18. 问：** 为什么我们做事情时总是满腔热情和激情地开始，而后趋于平静，甚至经常被完全遗忘呢？

**答：** 这就像人们会逐渐老去是一样的。

**19. 问：** 怎样杜绝两种对立的、有害的极端倾向：第一种，似乎我们的一切都是丑恶的，外国的一切都好；第二种，外国的一切都是丑恶的，我们的一切都好?!

**答：** 通过时间和知识的积累。

**20. 问：** 我国的民族性是什么？

**答：** 我们的民族性就在于对所有概念敏锐而谦逊的认识；我们的民族性就在于对典范的顺从，以及以上帝的名义，从本质上来讲的品德高尚。

## 《某些能引起聪明和正直的人们特别注意的问题》的作者致《真话与谎言》的作者

通过您的回答可以看出，有一些问题我并没有说清楚，在此恳请您听一下我的解释。

阁下，请容我向您禀报，关于对高尚声誉无动于衷的问题，并不像您所理解的，而是另有深意。如果您是我的同胞，那么，无论您是何人，您都可以相信，我在对所有难以计数的福祉的内心感受上并不逊色于您和我的任何一个同胞。这些福祉在这二十多年里充盈在高尚的社会中。只有恶棍才会不承认人心的振奋。问题真正源自我对这种漠视感到震惊。与那种人心振奋正相反，在这个令人尊敬的社会中竟出现了大量品德败坏和缺少教养的人。我恰好有机会前往各地旅行。我看到大量有贵族封号的人都是沽名钓誉之徒。我看到许多公职人员甚至是一些占据一定职位的公职人员一心只想着如何升官发财。我看到许多人刚一退休就获得了驾驭四套马车的特权。我看到了那些最令人尊敬的先祖的不肖子孙。总之，我看到了奴颜婢膝的贵族。我本人也是贵族，所以我才会如此心痛，并促使我提出了以上这个问题。我可能没有把我的想法准确表达出来，但我真诚地思考了这个问题，并出于对我们伟大仁慈的统治者的一片感恩和敬爱之心，其心可鉴！亲爱的正直的人们啊，是你们使我有幸认识真相，保持公正，使我的笔不曾也将不会染上谄媚和仇恨的毒药。

非常感谢您回答了我的这个问题，即“为什么我们国家诉讼双方不能自行印刷诉讼和政府的裁定呢?”您的回答为我们带来了希望，印刷厂的大量出现将不仅有利于传播人类的知识，也会促进司法公正。我们多想满怀感激地去亲吻女皇陛下那只象征着公正和智慧的手。正是这只手推开了启蒙的崭新大门，同时想着要筑起抵御毁谤和阴谋的城墙。它在做这些事情的时候遵循了惯例，因为一次劈开一块绊脚石，而突然间从中涌出两股包治百病的泉水只能是神迹，但我们的叶卡捷琳娜二世只是个普通人。通过印刷诉状和裁决的方式，受到不公正待遇人的声音可以传遍祖国各个角落。许多人羞于做那些不冒险的事情。所有的诉讼中都牵扯到公民的财产、声誉乃至生命，它应与法官的裁决一起公之于众；公正的法官当之无愧应该获得表彰；真诚的心灵应提防那些贪婪无耻法官的谎言。啊，如果我拥有像您一样的天赋，尊敬的《真话与谎言》的作者，我很愿意描绘一幅法官的素描，他整日无所事事，尸位素餐，随手拿来一本印刷的小册子，突然发现自己不可告人的勾当已经见诸报端。如果我有您的笔触，我将描写这样一幅情景，这个无耻的法官因突如其来的打击而面如土色，双手颤抖，他读着每一行文字，舌头变得不听使唤，满面羞愧，这或许是他有生以来第一次感到羞耻。《真话与谎言》的作者阁下，这就是那幅相当滑稽可笑的肖像画，但恰恰又是用您有力的手笔描绘出来的。

我之所以提出“为什么我们不为自己的无所作为而感到惭愧?”这个问题，因为我想知道，为什么那些游手好闲的人不为自己的游手好闲感到羞耻?

“为什么过去的弄臣、小丑、插科打诨者没有官职，现在却当上了大官?”我提出这个问题只是想表现高官们不合时宜的滑稽举动。您可能会问我，为什么我没有像现在说的这样提出以上问题。我将用您的回答来回答您，尽管性质不同。“这是因为在任何地方、任何时期都还没有出现完美的人。”

我承认，您明智的回答让我内心信服；我承认，我不能完成最美好的愿望；我承认，我不能以合适的方式提出我的问题。我内心的信念使我决心再准备一些问题，这并不是因为我不想被指责为言论自由的无辜典型，我对此并不介怀，而是因为我不想授人以柄，使他们可以攻击言论自由，这点是我深恶痛绝的。

阁下显然是《俄语语言爱好者谈话良伴》出版者之一，恳请您在这个刊物上发表这封信。它的发表是对我的嘉奖，意味着您对我的解释感到满意。创造者善意的意见对我而言应该是异常宝贵的。如您一样的创造者可以在其作品中最完美地调和有益的部分和消遣的部分。尽管我对于任何您不满意的地方都问心无愧，但如果不幸有一天我不论以何种方式意识到自己的错误，我都会痛心地接受这颠扑不灭原则的坚实根据，并从此弃笔。

# 附录二　现代性视域下的“聚和性”概念及当代东正教

“聚和性”（соборность）多被视为霍米雅科夫教会学说的核心概念，它在后霍米雅科夫时代曾获得了多种阐释和解读，甚至形成了“世俗化”和“反世俗化”两种对立立场。[①] 但如果从现代性视域中重新检讨这个概念，就会发现它与俄罗斯自主性精神传统之间存在密切关系。

与之相关的是东正教在当代俄罗斯的复兴，这似乎预示着俄罗斯民族宗教意识的重新回归，而宗教意识或超越性精神追求对当代俄罗斯社会转型又将产生重要影响，并对我们这个同样处于转型时代的国家有重要的借鉴意义。

## 一、“聚和性”概念的提出与翻译问题

“聚和性”的概念是由霍米雅科夫在一封给法国杂志 *L'Union Chretienne* 一位编辑的信中提出来的，用来说明教会的本质。从此，“聚和性”概念就同霍米雅科夫的名字联系在了一起。

在这封名为“关于‘普世’（кафолический）与‘聚和’（соборный）的意义——由加加林神父的言论所引发的致 *L'Union Chretienne* 编辑的一封信”中，霍米雅科夫针对耶稣会教徒加加林神父公开指责“俄国人篡改信条”这一事件进行反驳，并要求杂志社以《来自一名俄国人对另一名俄国人的回答》为标题发表自己的书信。

加加林神父在杂志上发表言论称：“兄弟们，你们相信吗，斯拉夫人在翻译信条时，语词‘普世的’被不确定的和晦涩的表达所取代，完全不

① 可参见［俄］E.A.叶萨乌洛夫：《霍米雅科夫哲学中的聚和性与现代俄罗斯》，也可参见其个人网站：http：//jesaulov.narod.ru/Code/articles_homjakov_sobornost.html.

能传递普世性的概念。几百万的基督徒在咏诵信条的时候，在本应该说‘信仰普世的教会’的地方却在说‘信仰聚和的教会’。”①

霍米雅科夫认为，加加林神父的指责是对“东正教会”的非难，俄国人有充分的理由反驳它：按照宗教词典，“聚和”就是“普世”的意思，俄国人并没有篡改信条。

恰恰相反，如果按照加加林神父的阐释，“普世的”就意味着“属于所有民族的”，那么，“天主教会就会居于东方各民族教会之上，因为各处都能遇到天主教会，而东方各教会却不能随处可见”。②

但这并不意味着罗马天主教会就是普世教会，伊斯兰教、佛教也拥有大量信徒，因此，“普世教会并不是指在数量、传播范围，也不是地理学意义上的普世性，而是某种无可比拟的更高的东西”，因此，当希腊人基里尔和梅福季在翻译信条时，他们选择了“聚和性”（Соборность）来翻译希腊语词“Katholikosu”（普世性，Кафолический）。基里尔和梅福季两人既是希腊人，也与拉丁语的罗马世界有联系，所以，霍米雅科夫认为他们选择“聚和性”来翻译“普世性”是信条“真正的表达”。

那么，基里尔和梅福季为什么会选择“聚和”来翻译“普世”，这是因为“Katholikosu”来自词根 kath’olon，表示“同意”，因此，普世的教会就是“所有人都认同”的教会或“所有人联合起来认同的”教会。这样的教会没有民族之分，没有阶级之分，它是“自由的同心一意，完全的同心一意”。③

“‘собор’表达的是聚会的观念，但并不是在某个地方聚会，是没有外在统一的潜在聚会。这是多数人的统一。”④ 因此，霍米雅科夫说，“我不敢说，穷尽东方教会的真理源泉的，对教会实质的认识是否是深入的……但我敢肯定，‘聚和性’这个词包含了所有的宗教信仰”，⑤ 即没有外在强制的自由的统一和同心一意。

事实上，如果按照当代俄罗斯哲学家 E.A.叶萨乌洛夫在《A.C.霍米雅科夫哲学中的聚和性与现代俄罗斯》中的看法，聚和性思想早在 11 世纪的都主教伊拉里奥所著的《法与天赐》中就已现端倪。霍米雅科夫的功绩

---

①②③④⑤ 笔者译自 ПИСЬМО К РЕДАКТОРУ “L’UNION CHRETIENNE” О ЗНАЧЕНИИ СЛОВ “КАФОЛИЧЕСКИЙ” и “СОБОРНЫЙ” ПО ПОВОДУ РЕЧИ ОТЦА ГАГАРИНА，ИЕЗУИТА，http：//www.golubinski.ru/ecclesia/homyakov.htm.

在于他经过艰辛的“智力劳作”揭示了东正教的本质特征，正因为如此，他才被别尔嘉耶夫称为“第一个真正按照东正教的方式进行神学思考的人”,[①] 或称其为“世俗神学家第一人”（张百春语）。

但作为“东正教的灵魂”的“聚和性”（C.布尔加科夫语）却是一个很难翻译为外文的俄国宗教哲学术语，西文多采用音译法，即“sobornist”。

汉语中有多种译法，如贾泽林等在翻译洛斯基的《俄国哲学史》时使用的“聚议性”，“教会的基本原则不是屈从于外部政权，而是服从聚议性。聚议性（соборность）是教会在共同领会真理和共同寻找得救之路的事业中诸基础的自由统一，这种统一是建立在对基督和神规的一致的爱的基础之上的统一”。[②] 这种翻译是基于词根“собор”的基本含义，但似乎未能很好地表达“宗教或精神上的一致”的意思。

又如，从词源分析角度，为了还原宗教原意，彭文钊等提出使用的“团契精神”，“意为具有共同（东正教）信仰的人的精神与肉体的统一体”。[③] 所谓“团契”，来源于拉丁词“Koinonia”，是一个宗教术语，表示“同一的心、共一的灵”，是可以在根本的生活态度上彼此认同、相互激励的精神团体。

彭文钊等使用“团契精神”来翻译“соборность”，其基本含义之一是指，“它是社会成员以教会或教堂、米尔等为基本单位的组织形式”,[④] 更进一步说，是俄罗斯传统的生存方式和社会组织方式。

但这种翻译方式存在如下两种不足：其一是从词源上来说，拉丁词“Koinonia”和希腊词“Katholikosu”显然是不同的词源；其二是霍米雅科夫强调聚和性并不必然体现为外在的聚会，而是一种潜在的精神上的统一，这也与团契精神通常体现为某种社会组织形式不同。

再如，张百春则主张翻译为“聚和性”，其他译法如徐凤林在翻译《俄国知识人与精神偶像》时使用的“精神共性”、雷永生在翻译《俄罗斯思想》时使用的“聚会”、“共同性”等。

本研究拟采用“聚和性”的译法，因为霍米雅科夫使用“聚和性”概念所要表达的意义与张百春在解释自己译法时提出的观点最为契合，即

---

① 张百春：《霍米雅科夫及其宗教哲学》，《哈尔滨师专学报》，1999 年第 1 期，第 13 页。

② ［俄］洛斯基：《俄国哲学史》，贾泽林等译，浙江人民出版社，1998 年版，第 34 页。

③④ 彭文钊：《俄罗斯团契概念的语言文化学分析》，《中国俄语教学》，2005 年第 3 期，第 24 页。

“聚”是指靠着信仰为了一个焦点而结合的意思，而“和”则是“和而不同”的“和”。[①]

第一，“聚和性”是为了说明东正教会在本质上是一个有机的整体，是“基督之体”，是基于共同的对基督的爱而形成的自由的统一体，这正是“靠着共同的信仰而结合起来的意思”。

第二，聚和性的基础是个性自由，这正是中国哲学中所讲的“和而不同”的意思。聚和性概念所强调的“统一”，不是外在强迫而实现的，而是建立在共同的价值观和文化认同的基础上的自由联合，即“我”是更大的“我们”的组成部分。

第三，与此同时，这一整体又克服了个人主义，使所有人因共同的信仰而结合起来，个人也在教会中实现了真正的自由，因此卡尔萨文才说：“天主教会就像一面砖墙，只有强制的统一，没有个人自由；新教仿佛一盘散沙，只有孤立的个人自由而失去了统一性；东正教会则是交响乐团，是保持了个性自由的统一体。”

翻译是对概念阐释的延续和结果，因此，在我国国内出现的翻译问题也是应如何理解聚和性概念的一种独特表现。正如上文所述，贾泽林所使用的“聚议性”以及彭文钊所使用的“团契性”更着重强调聚和性在社会组织层面上的意义，而徐凤林的“精神共性”虽然指出了聚和性在精神层面上的意义，但却只突出了“共同的精神基础”，没有体现其中的“个性自由”，所以都不及“聚和性”表达得全面且准确。

在俄国思想界，霍氏之后“聚和性”概念的内涵和外延也都在不断丰富，并逐渐走向了两个极端。一条路径指向“世俗化”：一些思想家认为，“聚和性”首先是个人主义的反义词，特别是西方个人主义的反义词，由此，它似乎成为了集体主义的同义词，并最终导致将其与苏维埃集体主义等同起来，正如霍鲁日所说，“聚和性持续地、越来越强烈地和更加公开地世俗化了，并降低为一般的社会和组织原则”。

另外一条路径则指向“反世俗化”，这正是白银时代宗教哲学家及之后的流亡哲学家始终坚持的观念。自 B.索洛维约夫（1853–1900）开始到П.弗洛连斯基（1882–1943）、布尔加科夫、C.H.特鲁别茨柯依（1862–1938）和 C.Л.弗兰克（1877–1950）等人都从不同的角度发展了这一观念。

① 张百春：《霍米雅科夫及其宗教哲学》，《哈尔滨师专学报》，1999 年第 1 期，第 16 页。

霍米雅科夫所强调的“完整性”、“统一性”和“精神性”为索洛维约夫建立“万物统一”哲学体系、提出“神人类”的概念[①]奠定了基础，这种立场发展到近代就出现了以霍鲁日为代表的观点，即认为，“聚和性属于传道学范畴，与社会建构乃至经验存在没有任何关系”。[②]

应该说，这两种对立趋势的出现是霍氏“聚和性”概念中的应有之义。对于“世俗化”而言，“霍米雅科夫指出，聚和性思想既适用于教会，也适用于村社”，[③]萨马林就坚持认为古罗斯的社会生活和村社生活本身就是聚和性的体现。在这种阐释语境中，村社的世界观与教堂的统一性就意义相近了，村社的劳动组合是聚和性思想的社会化和具象化结果，这导致后来聚和性等同于苏联时期的集体主义。

对于“反世俗化”而言，正如弗洛连斯基所说，“霍米雅科夫的神学带有经验特征”，即霍米雅科夫是根据自己在东正教教会中的体验提出这一概念的，这与东正教的“灵修”传统或许存在某种联系，这才导致霍鲁日对聚和性的解读走向了“反世俗化”的极端。

总之，“聚和性”概念的提出首先使“什么是东正教教会本质”问题化。这一概念的提出还使得对其进行哲学、神学等不同角度的阐释和言说成为可能。但问题是，霍米雅科夫为什么要提出这个问题?

霍米雅科夫提出聚和性可能是对“现代性”的一种批判性反思，亦可说他已经进入后现代性的语境中来反思现代性，所以，叶萨乌洛夫才会说，“霍米雅科夫的很多思想不是落后于我们，而是超前于我们”。[④]

## 二、“聚和性”的提出：对“现代性”的回应

关于“现代性”的概念，按照哈贝马斯的说法，从18世纪后半期，它就已经成为了“哲学讨论的主题”，康德、黑格尔、海德格尔等都从不同的阐释视角对其进行了界定。按照张嘉明在《现代性与后现代性十五讲》中的说法，比较著名的关于“现代性”的界说有三种，即吉登斯的“制度

---

① 霍米雅科夫认为，信徒在教会中即在“基督之体”内，基督耶稣是神，也是人，所以信徒便分享了神人的本质。

②④ 可参见［俄］E.A.叶萨乌洛夫:《霍米雅科夫哲学中的聚和性与现代俄罗斯》，也可参见其个人网站：http：//jesaulov.narod.ru/Code/articles_homjakov_sobornost.html.

③［俄］H.O.洛斯基:《俄国哲学史》，贾泽林等译，浙江人民出版社，1998年版，第42页。

说”、哈贝马斯的“主体说”和福柯的“态度说”。

所谓“制度说”是指，吉登斯“从制度的层面来理解现代性”，它包括“从世界观（对人与世界的关系的态度）、经济制度（工业生产与市场经济）和政治制度（民族国家和民主）的一套架构”。[①]

所谓“主体说”是指，哈贝马斯强调“现代性”的一个最为核心的问题就是自我确认和自我理解，正是“主体性”原则构成了自我确认的基本原则，也就是人出自自己的理性，而不再依赖宗教便可实现对自我存在合理性的确认。

所谓“态度说”是指，福柯把“现代性”理解为一种与启蒙精神相关的“与当代现实相联系的模式”。因此，对于福柯而言，现代性就意味着对时代的永恒的批判精神。

这恰恰说明“现代性”这个概念是多维度、开放的概念。随着人类社会进入“现代社会后期”或“后现代社会”，人们也在不断反思现代性和现代社会，“现代性”概念的外延和内涵势必会不断扩展和丰富。但其根本特征却应基本不变。

首先，现代性与启蒙运动直接相关，甚至可以说是“启蒙精神哺育了现代性的产生”，[②] 而启蒙的实质用康德的话来说就是“人类脱离自己加之于自己的不成熟状态”。换言之，启蒙要求人类勇敢地运用自己的理性，而不再依赖任何外在权威。正如20世纪英国哲学家欧克肖特所言：“思想除了理性的权威外不服从任何权威。它是权威的敌人，偏见的敌人，传统、习俗和习惯的敌人。”[③] 由此发展为理性主义，并成为现代性及现代社会的根本性特征之一。

其次，现代性与人的自由和主体性确立相关。在前现代社会中，个体陷入类之中；在现代社会中，个人摆脱了中世纪以来的神权、教会束缚，从各种类中解放出来，可以运用理性进行自我确认，形成了自由主义这一思想维度，而自由主义的基点或核心是个人权利神圣不可侵犯，由此形成了个人利益高于国家和社会利益的“个人主义”。

需要指出的是，启蒙运动中形成的个人主义并非我们通常理解的“利

①② 张嘉明：《现代性与后现代性十五讲》，北京大学出版社，2006年版，第6页。

③ ［英］迈克尔·欧克肖特：《政治中的理性主义》，张汝伦译，上海译文出版社，2008年版，第2页。

己主义”，而是“人本主义”，即强调个人才是制定和形成社会规范和制度的根本出发点。

从这个意义上来讲，西方的民主、法制和三权分立等制度设计都是为了保证个人权利，进而实现“自由”目的的手段。这里的“自由”，按照霍布斯的定义：“自由这个词语，按照其确切的意义来说，就是外界障碍不存在的状态。”

但这并不意味着，西方在谈论“自由”、“个人主义”等概念时仅停留在外在的、制度保证的层面上，他们也讨论思想自由、意志自由、个性自由，并把个性自由视为人类进入现代社会的根本标志和人类社会发展的终极目的，但这种自由是个体独立获得的自由，与霍米雅科夫聚和性概念中所强调的在“教会”中实现的自由是不同的。

最后，现代性是现代化的结果，正因为出现了现代化的社会转型，才会形成现代社会的“性质或属性”，而现代化转型就部分意味着工业生产和市场经济。自 18 世纪英格兰中部地区发生工业革命以来，人类社会的生产方式发生了根本性转变。通过不断的技术进步和工业复制，以及不断扩大的全球化市场，物质因此变得越来越丰富，生活变得越来越舒适，人们的感官和物质需求也随之变得越来越多样，因此，现代性就同不断满足甚至有目的地“创造”人们的物质需求联系起来，这也就形成了现代社会的一种通病，即物质主义。

因此，在斯拉夫派看来，现代性对于俄罗斯传统是“外在的、异己的、与其最高成就矛盾的”，[①] 这导致了俄国社会的大分裂：知识分子与普罗大众的分裂，或被称为“土壤”与“文明”两个社会群体的对立，以及知识分子内部的大分裂，即斯拉夫派与西方派的大争论。斯拉夫主义正是形成于这种冲突和分裂公开化和明晰化的时期。

为了终结俄国的这种分裂状态，斯拉夫派强调要回到东正教，甚至可以说，“斯拉夫派的任何学说都是建立在宗教信仰的基础上的，而且这个宗教信仰就是东正教。”[②] 而作为“东正教灵魂”的“聚和性”在对抗西方现代性上应是至关重要的。

---

① [俄] 基列耶夫斯基：《论欧洲文明的特征及其与俄罗斯文明的关系——给科马罗夫斯基伯爵的信》，张百春译，《世界哲学》，2005 年第 9 期，第 2 页。

② 张百春：《霍米雅科夫及其宗教哲学》，《哈尔滨师专学报》，1999 年第 1 期，第 14 页。

第一，“聚和性”强调具体实在性和完整性，反对现代性片面强调理性，而忽视了灵性的思想维度。

霍米雅科夫把黑格尔哲学视为理性主义的顶峰，认为后者试图从规律中引申出万物的做法是把“事实的公式看成是事实的原因”,[①] 这样获得的知识是抽象的知识。“鲜活的真理”是不能通过逻辑推演认识的，只有把“真诚之爱的道德力量带进其中”才能实现。只有这种活知识才能使我们认识作为存在基础的那种东西。[②]

正因为“在西欧历史发展的过程中，对基督教理想的实现因这些理想受到理性主义的曲解及其民族的妄自尊大而受到阻碍。俄罗斯从拜占庭那里接受的是纯净而完整的基督教，它没有沾染上片面的理性主义”，这也是斯拉夫派认为俄罗斯可能在未来拯救“腐败的西方”的根本原因。

因此，“斯拉夫派聚和性宗教哲学观的意义在于提出了俄罗斯独特思维的问题，批判了‘一边倒’的西方唯理主义思想，斯拉夫派在俄罗斯人民的东正教信仰中看到了克服人类理性主义面貌的片面性的完整性精神。”[③]

第二，“聚和性”通过强调“爱与自由之间是不可分割的统一体”来反诘现代性关于“自由”的理念。霍米雅科夫在阐释“聚和性”概念时指出，个人只有在爱的基础上形成的统一体中才能实现真正的自由，因为“睿智像完美无缺的神性一样只属于教会全体成员的统一体”，而“无知跟罪孽一样，是每个孤立个人的必然归宿”。[④]

信教者可以在教会中“找到自我，但这不是那个处在自我精神孤独困境之中的自我，而是那个与自己的弟兄们、与自己的拯救者保持着自己精神上的、真诚的一致从而强有力的自我。他在这一力量中找到的是那个完善之物—— 一种神的灵感，它能够不断地使沉溺于污秽之中的每个个别存在物得到净化。这一净化是由基督徒（耶稣基督之中）相互之爱的战无不胜的力量来完成的”。[⑤]

由此可见，与西方阐释的“个性自由”不同，霍米雅科夫更强调只有在以共同的爱为基础的统一体中才可能实现“个性自由”，才能实现精神

---

① ［俄］洛斯基：《俄国思想史》，贾泽林等译，浙江人民出版社，1998 年版，第 31 页。

② 需要指出的是，霍米雅科夫并没有形成形而上学的哲学体系，这在后来很晚才由索洛维约夫建立。

③ 白晓红：《俄国斯拉夫主义》，商务印书馆，2006 年版，第 102 页。

④⑤ ［俄］洛斯基：《俄国思想史》，贾泽林等译，浙江人民出版社，1998 年版，第 35 页。

上得到不断完善和净化的“自由”，而这种自由，也克服了个人主义（不是在启蒙意义上的个人主义）。

第三，“聚和性”所强调的“超验性”和“精神性”是反抗现代性中物质主义的有效“解毒剂”。如上文所述，斯拉夫派思想家认为，西方人自文艺复兴和启蒙运动之后，逐渐抛弃了灵性传统，开始相信理性的万能。“西方人被迫或者停留在对一切高于感性需求和商业算盘之上的东西的近于动物般的冷漠状态。”这种“冷漠状态”让文艺复兴时期高涨的人文主义创造力枯竭了。人类再次陷入奴役状态之中。

在斯拉夫派看来，如果说中世纪的奴役是“神的奴役”，现代西方文明则是另一种奴隶状态，西方社会已然陷入到物欲的奴役之下。这导致人的内在衰落，心为形役，而俄罗斯民族灵性至上的民族精神传统正是拯救西方的一剂良方，也是实现自我救赎的唯一方式。所以，尽管俄罗斯的物质是贫瘠的，但她的精神基础是牢固的。

也正因为如此，霍米雅科夫才说，“俄罗斯人民的温顺，对神圣理想的虔诚和爱，对以农村村社或劳动组合（建立在互助的基础之上）形式出现的社会组织的喜爱，所有这些使我们有理由相信：在实现社会正义和找到将资本与劳动两者的利益结合起来的道路这些问题上，俄罗斯将走在欧洲的前面。”

概言之，“聚和性”概念的提出可以说是俄罗斯知识分子群体对现代性的一种批判性反思，如果从福柯意义上的“现代性”视角，这恰恰体现了“现代性”的精神气质。霍米雅科夫及斯拉夫派所坚持的灵性维度也恰是现代性理性至上的必要补充，由此他们延续了自“莫斯科—第三罗马”学说以来的自主性精神传统，试图阐明俄罗斯之于西方的优越性以及“第三条现代化道路”的合理性。

## 三、东正教与当代俄罗斯

当下，东正教在俄罗斯的复兴问题方兴未艾。这与20世纪下半叶全球范围内出现的宗教复兴趋势密切相关。尽管在20世纪上半叶，很多学者仍在为世俗化、理性主义和科学主义在全球范围内取得的胜利而感到欢欣鼓舞，但自20世纪七八十年代开始，在全世界不同国家和地区都开始上演“上帝的报复”（亨廷顿语）。

亨廷顿在分析这种趋势出现的原因时指出，正是 20 世纪下半叶持续深入的现代化进程导致了宗教复兴。随着现代化进程的持续深入，大量农业人口涌入城市，他们需要新的认同根源、新的社会稳定形式和道德规范来赋予他们存在的意义和目的。

换言之，在转型社会里出现的认同危机引发了人们向宗教信仰的回归，因为无论是主流的宗教还是原教旨主义都可以满足人们新的认同需要，所以，宗教复兴运动在 20 世纪的最后几十年已成为一种全球性潮流。

在苏联解体后，俄罗斯社会面对着巨大的意识形态真空，东正教在后苏联时期强势复兴，宗教复兴是“对认同的狂热渴望的结果，而这种认同只有东正教会能够提供，因为它是唯一未被破坏的与一千年前的俄罗斯相联系的纽带”。①

为了填补这一真空以达到稳定社会乃至增强民族凝聚力的目的，更为重要的是，当“软实力”越来越成为衡量民族国家成功与否的重要指标和参数，俄罗斯当局也同样需要接续乃至创造性使用俄罗斯传统文化及精神资源，以修补和重新激发俄罗斯民族因苏联体制受到损害和压制的文化创造力，重塑民族文化自信、激活民族文化创造力。

正如索尔仁尼琴曾指出：“对于今天这个遭到破坏和摧残、昏聩不堪且极易滋生腐败的俄罗斯，显而易见的是：没有东正教信仰在灵性上的保护，我们将不会得到复兴。如果我们不是一群无理性的畜生，那么，为了我们的统一，我们需要一个崇高的基础。我们俄罗斯人必须带着极大的热情和恒心抓住东正教信仰的灵性禀赋，因为它是我们所剩下的最后一个禀赋，而且还是一个我们已经开始丧失的禀赋。正是东正教的信仰，而不是帝国的权力，创造了俄罗斯的文化模式。正是保存在我们的心灵、传统和行为中的东正教，让那种超越一切种族独特性、将俄罗斯人统一起来的灵性意义获得了巩固。而且，即使是我们在即将到来的这个世纪中失去了人口、领土，甚至是政权，我们仍然拥有这个唯一不朽的东西——东正教信仰以及由它得出的对实在的高贵认识。”②

① [美] 塞缪尔·亨廷顿：《文明的冲突与世界秩序的重建》，周琪等译，新华出版社，2012 年版，第 78 页。

② [美] 约瑟夫·皮尔斯：《流放的灵魂——索尔仁尼琴》，张桂娜译，上海三联书店，2013 年版，第 324 页。

因此，1997 年俄罗斯政府出台了《关于信仰自由和宗教组织法》。在这部法律中政府承认了东正教在俄罗斯历史上、在俄罗斯精神及俄罗斯文化形成及发展中的特殊地位，这为俄罗斯东正教教会大规模的复兴活动提供了合法性基础。

东正教的复兴表现在多个层面。比如，在政治层面上表现为东正教会与政府的合作，特别是普京执政以来，他加强了与东正教教会的合作，并肯定了教会在民族精神及道德培育方面的重要作用。普京在 2013 年 12 月 19 日举行的年度新闻发布会上就曾指出，俄罗斯无意批判西方价值观，但也不希望俄罗斯社会陷入“伪价值观”中。俄罗斯有优秀的传统文化，要想前行仍需在传统的基础之上，而俄罗斯传统的核心部分正是东正教。

再如，在文化层面上，宗教文化开始普及和传播。在历史上，东正教修道院和教堂曾经是教育和文化的中心，十月革命后，政府出台了关于政教分离及教会与中学分离的法令，直至 20 世纪 90 年代初，中学重新开设《东正教文化基础》课程。之后俄罗斯政府还把全俄东正教文化基础知识奥林匹克大赛和《宗教文化及世俗道德基础》课程引入普通教育中。《宗教文化及世俗道德基础》课程由六个部分组成，其中之一就是《东正教文化基础》。

除此之外，在许多高等学校里不仅设立了神学专业，还开办了神学教研室和神学系。迄今为止，在俄罗斯国立及非国立大学中已有 45 个神学系或神学教研室，其中 38 个是东正教神学教研室。

但最为重要的复兴应是人们**宗教意识**的复兴。这样一种超越性的精神维度无疑对现代社会是十分重要的，特别是如果按照霍米雅科夫的说法，聚和性是东正教教会的本质，那么，东正教在重建现代社会精神生活方面将发挥重要的作用。

马克斯·韦伯在《学术与政治》中如是描写现代社会精神的基本状况：“一个基本的事实，即他注定要生活在一个既没有神也没有先知的时代……我们这个时代，因为它所独有的理性化和理智化，最主要的是因为世界已经‘除魅’，它的命运便是，那些终极的最高贵的价值，已从公共生活中销声匿迹，它们或者遁入神秘生活的超验领域，或者走进了个人之间直接的私人交往友爱之中……”①

① ［德］马克斯·韦伯：《学术与政治》，冯克利译，生活·读书·新知三联书店，1998 年版，第 46、48 页。

总之，东正教在当代俄罗斯社会各个层面的复兴提示着俄罗斯民族固有的宗教意识的复归，而这种意识可能成为抵制或治愈现代社会通病的良方。

# 参考文献

## 一、中文专著、译著

[1]［德］阿克赛尔·霍耐特:《为承认而斗争》，胡继华译、曹卫东校，上海人民出版社，2005 年版。

[2]［印］阿马蒂亚·森:《身份与暴力：命运的幻象》，李风华等译，中国人民大学出版社，2013 年版。

[3]［英］阿诺德·汤因比:《历史研究》，刘北成、郭小凌译，上海人民出版社，2005 年版。

[4]艾恺:《世界范围内的反现代化思潮——论文化守成主义》，贵州人民出版社，1991 年版。

[5]［俄］巴纳耶夫:《群星灿烂的时代》，刘敦健译，上海译文出版社，1995 年版。

[6]白晓红:《俄国斯拉夫主义》，商务印书馆，2006 年版。

[7]［美］本尼迪克特·安德森:《想象的共同体——民族主义的起源和散布》，吴叡人译，上海人民出版社，2005 年版。

[8]［俄］别尔嘉耶夫:《俄罗斯思想》，雷永生、邱守娟译，三联书店，1995 年版。

[9]［俄］别尔嘉耶夫:《末世论形而上学》，张百春译，中国城市出版社，2003 年版。

[10]［俄］别尔嘉耶夫等:《哲学船事件》，伍宇星译，花城出版社，2009 年版。

[11]［俄］别雷:《银鸽》俄文版序，莫斯科，现代人出版社，1990 年版。

[12]［俄］别林斯基:《别林斯基选集》第六卷，辛未艾译，上海译文出版社，2006 年版。

[13]［俄］别林斯基：《别林斯基选集》第五卷，辛未艾译，上海译文出版社，2006 年版。

[14]［德］大卫·弗里德里希·施特劳斯：《耶稣传》，吴永泉译，商务印书馆，1996 年版。

[15] 范中汇：《英国文化》，文化艺术出版社，2003 年版。

[16]［美］弗朗西斯·福山：《历史的终结》，黄胜强、许铭原译，远方出版社，1998 年版。

[17]［俄］格奥尔吉耶娃·T.C.：《俄罗斯文化史——历史与现代》，焦东健、董茉莉译，商务印书馆，2006 年版。

[18]［英］哈·麦金德：《历史的地理枢纽》，林尔蔚、陈江译，商务印书馆，2011 年版。

[19]［俄］赫尔岑：《往事与随想》，巴金、臧仲伦译，人民文学出版社，1993 年版。

[20]［德］黑格尔：《精神现象学》，贺麟、王玖兴译，商务印书馆，1981 年版。

[21]［德］黑格尔：《历史哲学》，王造时译，上海书店，2006 年版。

[22]［英］吉姆·麦圭根：《重新思考文化政策》，何道宽译，中国人民大学出版社，2010 年版。

[23]［俄］季莫菲耶夫：《未完成的方案》，莫斯科，2000 年版。

[24]［德］卡西尔：《启蒙哲学》，顾伟铭等译，山东人民出版社，2007 年版。

[25]［德］康德：《历史理性批判》，何兆武译，商务印书馆，1991 年版。

[26]［美］理查德·F.库索尔：《法兰西道路》，言予馨、付春光译，商务印书馆，2013 年版。

[27] 刘文飞：《阿伊诺斯或双头鹰——俄国文学和文化中的斯拉夫派和西方派的思想对峙》，中国社会科学出版社，2006 年版。

[28]［德］吕迪格尔·萨弗兰斯基：《荣耀与丑闻——反思德国浪漫主义》，卫茂平译，世纪出版集团/上海人民出版社，2014 年版。

[29]［俄］罗伊·梅德韦杰夫：《苏联解体的最后一年》，王晓玉、姚强译，社会科学文献出版社，2011 年版。

[30]［美］罗兹·墨菲：《亚洲史》，黄磷译，海南出版社，2004 年版。

［31］［俄］洛斯基：《俄国哲学史》，贾泽林等译，浙江人民出版社，1999 年版。

［32］［英］迈克尔·欧克肖特：《政治中的理性主义》，张汝伦译，上海译文出版社，2008 年版。

［33］［美］尼古拉·梁赞诺夫斯基、马克·斯坦伯格：《俄罗斯史》，杨晔、卿文辉译，上海人民出版社，2007 年版。

［34］［苏］涅奇金娜：《十二月党人》，黄其才等译，商务印书馆，1989 年版。

［35］［美］塞缪尔·亨廷顿：《文明的冲突与世界秩序的重建》，周琪等译，新华出版社，2010 年版。

［36］［俄］塞缪尔·亨廷顿：《我们是谁？——美国国家特性面临的挑战》，程克雄译，新华出版社，2005 年版。

［37］［俄］索洛维约夫等：《俄罗斯思想》，贾泽林译，浙江人民出版社，1999 年版。

［38］［美］汤普森：《历史著作史》（下卷，第三分册），谢德风译，商务印书馆，1996 年版。

［39］［俄］屠格涅夫：《处女地》，巴金译，人民文学出版社，1991 年版。

［40］［俄］陀思妥耶夫斯基：《群魔》，臧仲伦译，译林出版社，2002 年版。

［41］汪金国：《多种文化力量作用下的现代中亚社会》，武汉大学出版社，2006 年版。

［42］王亚平：《基督教的神秘主义》，东方出版社，2001 年版。

［43］王治来：《中亚简史》，人民出版社，2010 年版。

［44］［美］伊曼纽尔·沃勒斯坦：《沃勒斯坦精粹》，黄光耀、洪霞译，南京大学出版社，2003 年版。

［45］［英］以赛亚·柏林：《俄国思想家》，彭淮栋译，译林出版社，2000 年版。

［46］［英］以赛亚·柏林：《反潮流：观念史论文集》，冯克利译，译林出版社，2002 年版。

［47］［英］以赛亚·柏林：《启蒙的三个批评者》，马寅卯、郑想译，译林出版社，2014 年版。

［48］［英］以赛亚·柏林：《苏联的心灵：共产主义时代的俄国文化》，

潘永强、刘北成译，译林出版社，2010 年版。

[49]［英］约瑟夫·皮尔斯：《流放的灵魂——索尔仁尼琴》，张桂娜译，上海三联书店，2013 年版。

[50] 张百春：《当代俄罗斯东正教神学思想》，上海三联书店，2000 年版。

[51] 张嘉明：《现代性与后现代性十五讲》，北京大学出版社，2006 年版。

[52] 张维为：《中国震撼—— 一个文明型国家的崛起》，上海人民出版社，2011 年版。

[53] 张锡模：《圣战与文明——伊斯兰与西方的永恒冲突》，三联书店，2014 年版。

[54] 张晓明等主编：《文化蓝皮书：中国文化产业发展报告（2012~2013)》，社会科学文献出版社，2013 年版。

[55]［美］兹比格纽·布热津斯基：《大棋局：美国的首要地位及其地缘战略》，中国国际问题研究所译，上海人民出版社，2007 年版。

## 二、博士、硕士论文

[56] 曾佳：《平民知识分子别林斯基及其激进主义》，四川外国语学院硕士学位论文，2010 年。

[57] 郭永胜：《苏联“持不同政见者运动”研究》，华东师范大学博士学位论文，2004 年。

[58] 郭文：《俄国近代自由主义的历史变迁》，陕西师范大学博士学位论文，2007 年。

[59] 田全金：《陀思妥耶夫斯基比较研究》，复旦大学博士学位论文，2003 年。

[60] 王勤榕：《俄罗斯文化转型问题研究》，首都师范大学博士学位论文，2009 年。

[61] 王忠慧：《19~20 世纪的俄国自由主义研究》，内蒙古大学硕士学位论文，2009 年。

## 三、部分外文专著

[1] Аксаков И.С., И.С.Аксаков в его письмах, М., 1888–1896.

[2] Andrzej Walicki, The Slavophile Controversy, University of Notre Dame Press, 1989.

[3] Federico Romero, The Twilight of American Cultural Hegemony: A Hisitorical Perspective on Western Europe´s Distancing from American, What They Think of US: International Perspectives of the United States since 9/11, David Farber ed., Princeton University Press, 2007.

[4] Hans Kohn, Nationalism: Its Meaning and History, New York, 1955.

[5] Н.С.Трубецкой: Русская Проблема, 1922.

[6] Isaiah Berlin, Russian Thinkers, New York, 1978.

[7] Isaiah Berlin, The Soviet Mind: Russian Culture under Communism, Brookings Institution Press, 2004.

[8] Laura Enlelstein, Slavophile Empire: Imperial Russia's Illiberal Path, Cornell University Press, 2009.

[9] Robert Reinhold Ergang, Herder and Foundations of German Nationalism, New York, 1931.

[10] Wolfgang Gesemann, Herder Russia, Journal of the History of Ideas, Vol.26, No.3.

[11] Данилевский Н.Я., Россия и Европа., Взгляд на культурные и политические отношения Славянского мира к Германо–романскому.6–ое издание, СПб.: Издательство С.–Петербургского университета, Издательство Глагол, 1995.

[12] Дудзинская Е.А., Славянофилы в общественной борьбе, М., 1983.

[13] Дудзинская Е.А.Славянофилы в общественной борьбе.М.,1983.

[14] Зорькин В.Д., Из истории буржуазно–либеральной политической мысли России Второй половины XIX в.–начала XX в. М., 1975.

[15] Луриье Я.С., Переписки Ивана с Курбским в общественной

мысли древней Руси，Наука，М.，1993.

［16］Кармазин Н.М.，Записка о Древней и Новой России，М.，1991.

［17］Киреевский И.В.，Полн.собр.соч，М.，1861.

［18］Киреевский И.В.，Пол.собр.соч，М.，1911.

［19］Киреевский И.В.，Избранные статьи，М.，1984.

［20］Кошелёва А.И.，Записки А.И.Кошелёва，М.，1991.

［21］Кошлёв А.И.Записки А.И.Кошелёва,М.,1991.

［22］Киреевский И.В.О характере просвещения Европы и о его отн-ошении к просвещению России//Критикаиэстетика, М.,1998.

［23］Сухов А.Д.，Столетняя дискуссия-западничество и самобытность в русской философии，М.，1998.

［24］Я.С.Луриье:Переписки Ивана с Курбским в общественной мы-сли древней Руси, Наука, М.,1993.

［25］Трубецкой Н.С.，Мы и другие，Евразийский Временник，Бер-лин，1925.

［26］Трубецкой Н.С.，Европа и Человечество，София，1920.

［27］Трубецкой Н.С.，Верхи и Низы Русской Культуры，Исход k Востоky，София，1921.

［28］Трубецкой Н.С.，Вопрос России.

［29］Хомяков А.С.，Всемирная задача России.М.，Инс-т Русской цивилизации，2008.

［30］Хомяков А.С.Соч.，В 2т.Т.1，М.，1994.

［31］Хомяков А.С.，О старом и новом，М.，1998.

［32］Цимбаев Н.И.，Славянофильство. Из истории русской обществен-нополитической мысли 19-века.М.，1986.

［33］Чаадаев П.Я.，Соч.，М.，1989.

## 四、中外文部分论文

［1］安启念：《俄罗斯哲学界关于俄国现代化问题的研讨》，《哲学动态》，1994 年第 7 期。

［2］安启念：《现代化视域中的俄罗斯文化》，《浙江学刊》，2007 年第 3 期。

［3］白晓红：《俄国斯拉夫派思想探源》，《求是学刊》，1998 年第 2 期。

［4］白晓红：《俄国与西方：俄罗斯观念的历史考察》，《东欧中亚研究》，1999 年第 4 期。

［5］曹特金：《俄罗斯学者谈新欧亚主义》，《史学理论研究》，1999 年第 4 期。

［6］曹维安：《俄国的斯拉夫派与西方派》，《陕西师范大学学报（哲学社会科学版）》，1996 年第 2 期。

［7］杜维明、衣俊卿：《儒家思想资源与现代性的相关性——关于启蒙反思的学术对话》，《求是学刊》，2009 年第 1 期。

［8］杜维明：《超越启蒙心态》，雷洪德、张珉译，《哲学动态》，2001 年第 1 期。

［9］郭小丽、张春芳：《俄罗斯弥赛亚文化观念的层级分析》，《四川外语学院学报》，2007 年第 4 期。

［10］韩晓燕、张丹丹：《19 世纪俄国斯拉夫派和西方派对现代化道路的论争》，《安庆师范学院学报》，2001 年第 5 期。

［11］［俄］霍鲁日：《俄国哲学的主要观念》，张百春译，《俄罗斯文艺》，2010 年第 2 期。

［12］［俄］霍鲁日：《俄国哲学的主要观念》，张百春译，《俄罗斯文艺》，2010 年第 2 期。

［13］［俄］霍米雅科夫·A.C.：《俄罗斯心灵中最美好的本能——论旧与新》，祖春明译，《俄罗斯语言文学与文化研究》，2012 年第 2 期。

［14］［俄］基列耶夫斯基：《论欧洲文明的特征及其与俄罗斯文明的关系——给科马罗夫斯基伯爵的信》，张百春译，《世界哲学》，2005 年第 5 期。

［15］贾泽林：《俄罗斯思想》，《读书》，1998 年第 7 期。

［16］李河：《东亚文化民族主义与中华文明圈的解构》，《战略与管理》，2012 年第 9/10 期合。

［17］李景云：《试论俄国历史上的西欧派和斯拉夫派之争》，《南开学报》，1995 年第 2 期。

［18］林精华：《陌生的邻居——后苏联时期俄国民族主义潮流下的中俄关系》，《俄罗斯研究》，2012 年第 4 期。

［19］马寅卯：《俄罗斯理念：需要澄清的几个问题》，《浙江学刊》，2007 年第 5 期。

［20］［俄］诺维科娃、希泽姆斯卡娅：《俄国历史哲学的范式》，子樱译，《哲学译丛》，1998 年第 3 期。

［21］彭文钊：《俄罗斯团契概念的语言文化学分析》，《中国俄语教学》，2005 年第 3 期。

［22］［俄］萨文茨基：《欧亚主义》，曲炜摘译，《哲学译丛》，1992 年第 6 期。

［23］素瑞雪：《俄罗斯学者关于欧亚主义问题研究综述》，《俄罗斯中亚东欧研究》，2006 年第 6 期。

［24］孙坚：《冲突与融合——解析俄国的西方派和斯拉夫派之争》，《新学术》，2009 年第 1 期。

［25］［俄］休金·B.T.：《西方派的黎明》，李树柏译，《哲学译丛》，1996 年第 Z1 期。

［26］许相全：《在历史拐角处追寻民族传统——斯拉夫派与西方派“五四”激进派与复古派论争之比较》，《湖南师范大学学报》，2009 年第 11 期。

［27］阎德学：《日本斯拉夫·欧亚学的构建和意义》，《俄罗斯研究》，2011 年第 1 期。

［28］姚海：《俄国历史上斯拉夫派与西方派的争论》，《史学月刊》，1992 年第 3 期。

［29］［俄］叶萨乌洛夫·E.A.：《霍米雅科夫哲学中的聚和性与现代俄罗斯》，可参见其个人网站：http：//jesaulov.narod.ru/Code/articles_homjakov_sobornost.html。

［30］曾明珠记录整理：《启蒙的反思——杜维明、黄万盛对话录》，《世界哲学》，2005 年第 4 期。

［31］［俄］扎戈尔斯基：《俄国与欧洲》，房筱琴译，《俄罗斯研究》，1994 年第 2 期。

［32］张百春：《霍米雅科夫及其宗教哲学》，《哈尔滨师专学报》，1999 年第 1 期。

［33］张建华：《“东方”与“西方”的选择与间离》，《学习时报》，2007 年第 11 期。

［34］张建华:《冯维津命题与近代俄国知识分子的觉醒》,《黑龙江社会科学》,2008 年第 8 期。

［35］张生:《从寻求“承认”到成为“至尊”——论巴塔耶通过科耶夫对黑格尔的主奴思想的吸收》,《现代哲学》,2011 年第 4 期。

［36］朱立:《略论中世纪早期欧洲的奴隶贸易》,《齐鲁学刊》,2000 年第 4 期。

［37］Богданова А.В., Неизвестный Чаадаев//Философия и общество, 2009（3）.

［38］Жигунова Г.В., Национальное самосознание русского народа в философии славянофильства//Вестник МГТУ, 2006, 9（1）.

［39］Евразийство, за и против, вчера и сегодня（материалы круглого стола）//Впросы философии, 1995（№6）.

［40］Евразийство: за и против, вчера и сегодня（материалы кругл-ого стола）//Впросыфилософии.1995（6）.

［41］Киреевский И.В., О характере просвещения Европы и о его отношении к просвещению России//Критика и эстетика, М., 1998.

［42］Киреевский И.В. Пол. собр. соч. М., 1911（2）.

［43］Моральный авторитет в российском обществе, http: //www.sps.ru/? id=43305.2007.

［44］Пивоваров Ю.С., Вечный спор.Западники и славянофилы, http: //www.foma.ru/article/index.php? news=3637.2009.

［45］Trubetzkoy N.S., The Legacy of Genghis Khan, Cross Currents, 1990（9）.

## 五、其他

［1］ПИСЬМО К РЕДАКТОРУ“L′ UNION CHRETIENNE” О ЗНАЧЕНИИ СЛОВ“КАФОЛИЧЕСКИЙ”и“СОБОРНЫЙ”ПО ПОВОДУ РЕЧИ ОТЦА ГАГАРИНА, ИЕЗУИТА, http://www.golubinski.ru/ecclesia/homyakov.htm.

［2］［美］斯蒂芬·D. 布瓦拉:《西化 VS 斯拉夫化:俄罗斯挣扎三百年》,昝涛译,《经济观察报书评》,2015 年 12 月 27 日。

[3]《习近平总书记系列重要讲话读本》，《人民日报》，2014 年 10 月 13 日。

[4][俄] 叶萨乌洛夫：《霍米雅科夫哲学中的聚和性与现代俄罗斯》，http://jesaulov.narod.ru/Code/articles_homjakov_sobornost.html.

# 后　记

在撰写本书的三年多时间中，关心过我、帮助过我、指导过我的人实在太多，我始终在寻找这么一个机会可以对这些在我人生如此重要时期曾经无私地给予我关爱的人衷心地说一声感谢：感谢你们一直以来的陪伴，感谢你们一直以来的鼓励，感谢你们一直以来的呵护。如果没有你们，我不会有这份坚守；如果没有你们，可能连这份相当粗糙的成果也不会出现。

首先要感谢中国社会科学院和哲学研究所各位领导和同事一直以来对我的关照、鼓励和指导。

我要感谢我的合作导师李河研究员，他不仅是我学术上的良师，更是我做人方面的表率。我是俄语语言文学专业出身，人文素养很弱，哲学社会科学知识储备相当匮乏，李老师相当于是在一张白纸上开始了他的工作。正是他的耐心辅导，帮助我逐渐搭建合理的知识框架；正是他的宽容，使我不断增强自信心，积极参与学术活动；正是他的鼓励，在我因一篇论文改了 9 遍已经放弃的时候，帮我重拾信心，最终掌握了一些撰写哲学论文的基本方法；也正是他的严格要求，我不断地做着材料的搜集、整理和翻译工作；正是他的宽厚待人，使我懂得了“吃亏是福”的道理。

我要感谢马寅卯老师，他事实上也是我的合作导师，我是在他的帮助和提携之下开始与国内俄罗斯哲学研究界接触；也是在他的帮助下，连续两次参加了全国俄罗斯哲学研讨会，提交了两篇会议论文，其中一篇后来还发表在《苏州大学学报（社会科学版)》上。

我还要感谢北京师范大学的张百春教授，我跟他一起做过俄语翻译，正是在他的帮助下，我开始翻译哲学论著，也是他不辞辛苦，帮我认真校对译文；也是在他的介绍下，我认识了俄罗斯中央财经大学的丘马科夫教授，并于 2015 年开始共同开展联合研究。

我同样感谢文化研究中心的所有老师，我不能忘记他们是如何苦口婆心地教我做学术规划，如何耐心细致地帮我修改调研书；我不能忘记他们是如何与我深入讨论和交流各种学术问题，如何鼓励我多关注现实问题和政策对策研究的。

我要感谢中国人民大学安启念教授，中国社会科学院俄罗斯、东欧、中亚研究所的白晓红研究员，你们的论著和文章对我撰写这本书产生了很大的启发。

我还要感谢妮莎、王艳芳、孙茹茹、意娜、何博超、汪炜、张桂娜、王颖、李志慧、赵书虹这些好同事、好朋友对我一直以来的关爱与支持。

最后，我要感谢我的家人，如果没有他们的支持和鼓励，我不知道要怎样度过一个个孤灯苦读的夜晚。

在感恩的同时，我也感到内疚与不安，我得到了这么多的指导和鼓励，但这本书却并不完全尽如人意，我一定会在今后的工作和学习中更加努力，以回报大家的善意与关爱。

**祖春明**

2015 年 12 月底于北京